Grundschule

Annemarie Niklas

DIGITALE MEDIEN

im Deutschunterricht

Ideen für die Grundschule

Cornelsen

DIE AUTORIN

Dr. Annemarie Niklas war lange als Grundschullehrerin und Konrektorin tätig. Heute ist sie Akademische Oberrätin an der Universität Augsburg. Ihre Schwerpunkte sind ethische Fragen des Deutschunterrichts, literarisches Lernen und deutschdidaktische Lernprozesse in der Primarstufe.

Alle aufgeführten Systeme und Tools stellen nur Beispiele für die Unterrichtsgestaltung dar. Bitte stimmen Sie sich mit Ihrer Schulleitung dazu ab, welche Systeme oder Tools an Ihrer Schule im Rahmen der Unterrichtsgestaltung genutzt werden dürfen.

Projektleitung: Maren Krüger, Berlin
Lektorat: Katia Simon, Essen
Umschlagkonzept/-gestaltung: Corinna Babylon / Jule Kienecker, Berlin
Umschlagillustration: Shutterstock.com/Andrey Mertsalov (Tablet);
Shutterstock/Galyna G (kariertes Papier)
Screenshots: erstellt von Annemarie Niklas (S. 24, 28, 39, 42, 48, 65)
Layout/technische Umsetzung: fotosatz griesheim GmbH, Griesheim

www.cornelsen.de

1. Auflage 2022

Druck: H. Heenemann, Berlin

ISBN 978-3-589-16851-4

Inhalt

Vorwort

Eines ist klar: Seit Corona sind digitale Medien aus dem Unterricht nicht mehr wegzudenken. Hinter die Erfahrungen des „Homeschoolings" mit seinen digitalen Kommunikationsformen mit Kindern und Eltern, vom Mailverkehr über das Versenden von Arbeitsblättern bis hin zu Videokonferenzen und den Einsatz von Lern-Apps können wir nicht mehr zurück. Das kann man durchaus positiv sehen: Für viele Lehrkräfte war es ein Anstoß, gewohnte Wege zu verlassen und sich auf digitales Neuland zu begeben. Die Praxiserfahrungen dabei sind vielfältig und gemischt. Besonders eine funktionierende Technik, die nun eben vielerorts vorhanden ist, macht aber Lust auf mehr. Dieser Band soll Sie dabei unterstützen. Mit digitalen Medien Neues auszuprobieren, kann eine große Bereicherung für Ihren Unterricht sein!

Zu den Grundannahmen, die diesem Buch vorausgehen, sei auf einen (parallel konzipierten) Band zu digitalen Medien im Mathematikunterricht (Rink/Walter 2020) verwiesen, in dem die Autoren drei grundsätzliche Empfehlungen geben, die hier übernommen werden sollen: Sie werben für eine *„kritisch-optimistische Grundhaltung statt Euphorien und Ressentiments"* (Rink/Walter 2020, S. 9). Klaus Zierer bringt es in seinem Band „Lernen 4.0" mit dem Schlagwort „Pädagogik vor Technik" (Zierer 2018, S. 93ff.) auf den Punkt und verweist auf die überragende Rolle der Lehrerprofessionalität für den Schulerfolg.

Lehrerprofessionalität bedeutet, die Kinder dort abzuholen, wo sie in ihrem Lebensalltag stehen: Das spricht besonders für digitale Medien im *Deutsch*unterricht, denn Grundschulkinder heute erleben Kommunikation am Smartphone, informieren sich über Tutorials auf YouTube, hören, sehen, lesen, erleben (literarische) Geschichten am Tablet u.v.m. Guter Unterricht nimmt das wahr und stellt sich darauf ein.

Lehrerprofessionalität bedeutet auch, die Chancen hinter und mit diesen Erfahrungen zu sehen und diese konstruktiv zu nutzen. Rink und Walter sprechen von *„Potenzial statt Mehrwert"* (Rink/Walter 2020, S. 9) der digitalen Medien: Unterricht wird nicht dadurch besser, *dass* man digitale Medien nutzt, sondern *wie*. Es geht darum, dass ihre Nutzung und ihr Potenzial bei der Planung mit bedacht werden und dass sie im speziellen Einzelfall die bessere Lernchance bieten. Das ist durchaus nicht immer und zwangsläufig so – und um das beurteilen zu können, braucht es solides fachdidaktisches und pädago-

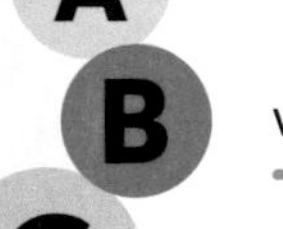

gisches Wissen. Darauf zielt auch der letzte Punkt der Mathematikdidaktiker: *„Ergänzung statt Ersatz“* (RINK/WALTER 2020, S. 9). Methodenvielfalt und ein abwechslungsreicher Unterricht sind nach wie vor ein guter Ansatz zur Motivation der Schülerinnen und Schüler und die digitalen Medien können sehr gut dazu beitragen – wenn man sie nicht als Allheilmittel versteht, sondern mit physischen Medien überlegt kombiniert und das Ziel bzw. die Kompetenzen im Blick behält, um die es letztendlich geht.

Zur konkreten Umsetzung

Für die konkreten Unterrichtsvorschläge, die im Zentrum dieses Buches stehen, wurden Themen aus allen Lernbereichen des Deutschunterrichts für die Grundschule ausgewählt, wie sie die Kultusministerkonferenz 2005 in den *Bildungsstandards im Fach Deutsch für den Primarbereich* (KMK 2005) beschrieben hat. Grundsatzüberlegung war, dass der Einsatz digitaler Medien für diese Themen einen deutlichen Mehrwert für die Schülerinnen und Schüler ausmacht. Dessen Darstellung, ebenso wie die der Unterrichtsinhalte, folgt einem klaren Muster, das die Orientierung erleichtern soll:

- Worum geht es? Das Themenfeld wird sachanalytisch aufgearbeitet und die wesentlichen fachlichen und fachdidaktischen Aspekte werden skizziert.
- Welches digitale Medium wird gewählt? Das Medium wird vorgestellt und es wird genau beschrieben, wie man damit arbeitet, sodass auch technisch weniger interessierte Leser und Leserinnen damit zurechtkommen können. Außerdem wird dessen didaktisch-methodischer Mehrwert klar umrissen.
- Wie kann man vorgehen? Hier geht es um Vorschläge zur ganz konkreten Unterrichtsgestaltung. Dabei werden zusätzlich Differenzierungsansätze und mögliche Probleme bei der Umsetzung besprochen.
- Wie geht's weiter? Das Unterrichtsbeispiel wird in eine größere Unterrichtssequenz eingebettet, es werden möglich Parallel- und Anschlussaufgaben skizziert oder weitere Arbeitsmöglichkeiten mit dem Medium angesprochen.

Zunächst wird in Kapitel 1 ein Blick darauf geworfen, inwiefern sich die Gegenstände des Deutschunterrichts selbst durch die selbstverständliche Benutzung digitaler Medien im familiären Alltag verändert haben und was daraus für den Unterricht folgt, bevor in Kapitel 2 konkrete fachdidaktische

Potenziale digitaler Medien für den Deutschunterricht der Grundschule im Mittelpunkt stehen, deren Umsetzung anhand von Unterrichtsvorschlägen in Kapitel 3 konkretisiert wird.

Natürlich kann insgesamt nur ein kleiner Ausschnitt des Deutschunterrichts, in diesem Fall jeweils in Form eines kurzen Einblicks in die Themenfelder der Lernbereiche, exemplarisch dargestellt werden. Die vorgestellten Apps und Medienproduktionen können jedoch anregend wirken, sich weiter in der Welt der digitalen Medien zu bewegen und zusammen mit den Schülerinnen und Schülern neue Zugänge zu den Inhalten des Deutschunterrichts zu entdecken.

Viel Spaß damit!

Augsburg, 01.05.2022
Annemarie Niklas

1 Digitale Medien verändern die Gegenstände des Deutschunterrichts: Drei Blickrichtungen

Im Zentrum des Deutschunterrichts steht die deutsche Sprache in ihrer mündlichen und schriftlichen Form in allen medialen Ausprägungen. Dabei werden besonders bestimmte Funktionen der Sprache in den Mittelpunkt gestellt: Die Grundfertigkeiten Lesen, Schreiben und Reden verbinden Menschen über die Kommunikation, geben Informationen zur Orientierung in der Welt und tragen über Narrationen zur Enkulturation bei. Verändert sich die mediale Vermittlung, verändern sich auch diese Funktionen.

- In der *Kommunikation* verschwimmen die Grenzen von Mündlichkeit und Schriftlichkeit (Abschnitt 1.1): Elektronische Kommunikation mittels geschriebener Texte, die unmittelbar ausgetauscht werden (z. B. beim Instant Messaging), lässt zum Teil die Normen der Schriftlichkeit hinter sich und bedient sich neuer Zeichenformen. In diesem Abschnitt wird dargestellt, dass dadurch neue Konventionen entstehen.
- *Informationen* zu Sachinhalten werden statt in Buchform aus einem riesigen, unüberschaubaren Angebot im Internet gewählt, das sehr unterschiedliche Rezeptionsanforderungen an die Benutzenden stellt. Die Fähigkeit, passende Informationen kompetent zu suchen, zu finden, auszuwählen, zu bewerten und effektiv nutzen zu können, hat damit unter neuen Gesichtspunkten an Bedeutung gewonnen, wie in Abschnitt 1.2 vorgestellt wird.
- *Narrationen* begegnen Vorschulkindern heute oft über das Smartphone oder Tablet. Die Geschichten sind zum Teil etwas anders strukturiert als mündliche Erzählungen oder Geschichten aus Vorlese- und Bilderbüchern und bieten neue Möglichkeiten, sich (inter-)aktiv einzubringen. Es soll im Abschnitt 1.3 gezeigt werden, dass mit diesen neuen Formaten die Leselust gefördert und die Auseinandersetzung mit Literatur vertieft werden kann.

1.1 Kommunikation

Neben den beiden traditionellen Wegen der Kommunikation – Sprechen und Schreiben – hat sich mittlerweile der Begriff der „computervermittelten

Kommunikation" etabliert, der zum Teil gleichbedeutend als weitere Alternative kommunikativen Handelns verwendet wird. Es stellt sich die Frage, worin die Unterschiede dieser Wege zu sehen sind und was sie konkret bedeuten. Zunächst werfen wir einen Blick auf die längst bekannten Divergenzen von mündlicher und schriftlicher Kommunikation. Dazu zwei Beispiele:

Mündliche Kommunikation

Janina Meier, 4. Klasse, hat schon wieder ihre Hausaufgaben nicht gemacht. Ihre Lehrerin Frau Müller trifft Janinas Mutter vor der Klassenzimmertür, als diese Janina mittags von der Schule abholen will. Sie spricht sie an:
„Hallo, Frau Meier, haben Sie kurz a Minute für mich?" Die Lehrerin wendet sich der Mutter lächelnd zu. – „Ja, klar, Grüß Sie, Frau Müller!" Die Damen schütteln sich die Hand. – „Die Janina hat scho wieder die Hausaufgabn ned gmacht, könnten Sie nochmal mit ihr redn?" Besorgter Tonfall bei der Lehrerin – „Ja, mei, des tut mir aber leid, freilich da wird a Gespräch fällig!" – Die Mutter nickt bekräftigend.

Schriftliche Kommunikation

Beispielstadt, 1.10.20XX

Sehr geehrte Frau Meier, sehr geehrter Herr Meier,
leider muss ich Ihnen mitteilen, dass Ihre Tochter Janina die Hausaufgaben mehrfach nicht erledigt hat. Bitte sprechen Sie mit Ihrer Tochter.
Mit freundlichen Grüßen
Irmgard Müller

Soweit zwei Standardsituationen aus dem Schulalltag. In der mündlichen Begegnung agieren die Gesprächspartnerinnen unmittelbar aus der Situation heraus. Rede und Gegenrede wechseln rasch, Verzögerungen sind Teil des Kommunikationsgeschehens (d.h. wenn Frau Meier auf die Frage, ob sie kurz Zeit hat, erstmal nicht antwortet, wird Frau Müller ein Schweigen als Antwort werten). Wie eingangs angesprochen gibt es verbale Anteile, nonverbale und paraverbale. Verbal ist die Verwendung von (dialektal oder soziolektal gefärbter) Umgangssprache zu vermerken, die insgesamt weniger streng grammatikalischen Regeln folgt – wichtig ist, dass die Kommunikationsabsicht zielgenau vermittelt wird: Frau Müller möchte, dass sich die Mutter um die Hausaufgaben kümmert, Frau Meier akzeptiert diesen Wunsch. Nonverbal spielen Mimik und Gestik eine Rolle, die Damen lächeln sich zu, schütteln sich die Hände, die Mutter nickt, usw. Paraverbal tragen z. B. Sprechgeschwindigkeit und Lautstärke, oder hier der besorgte Tonfall der Lehrerin, zur Kommunikation bei.

Die Kommunikation per Brief folgt dagegen strengen Regeln, die über die Konventionen der Textsorte festgelegt sind. Die schriftliche Sprache ist viel stärker normorientiert: Grammatik und Rechtschreibung sind genau festgelegt. Die Befolgung dieser Regeln gilt als Höflichkeit gegen die lesenden Personen. Konzeptionelle Schriftlichkeit ist eine Sprache der Distanz: Verfassende und lesende Personen des Briefs befassen sich zeitverzögert mit dem Text. Spontane, unmittelbare Nachfragen sind erst einmal nicht möglich. Dies gibt allen Kommunikationspartner/-innen aber, da der Text fest vorliegt, auch Zeit, den Text mehrfach zu lesen, ggf. zu überarbeiten bzw. eine Reaktion in Ruhe zu bedenken.

Mit ihrer Kollegin Brigitte kommuniziert Irmgard Müller in der Regel per Smartphone über WhatsApp. Nach dem Gespräch mit Janinas Mutter schreibt die Lehrerin der Kollegin, die auch in der Klasse unterrichtet.

Computervermittelte Kommunikation

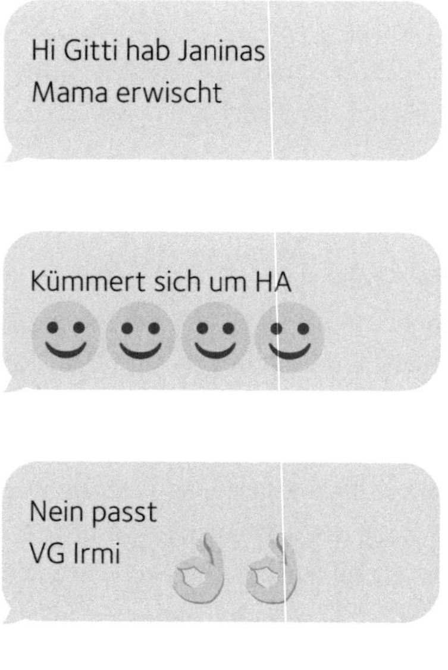

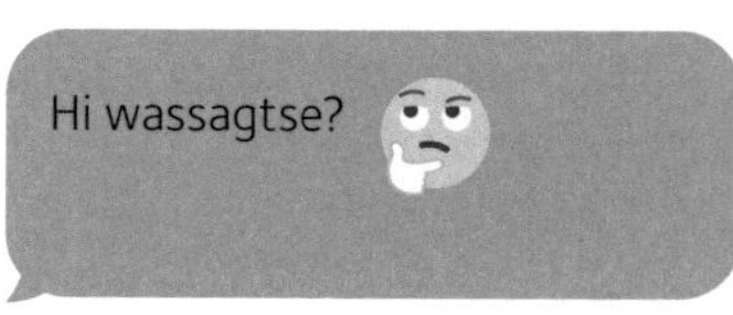

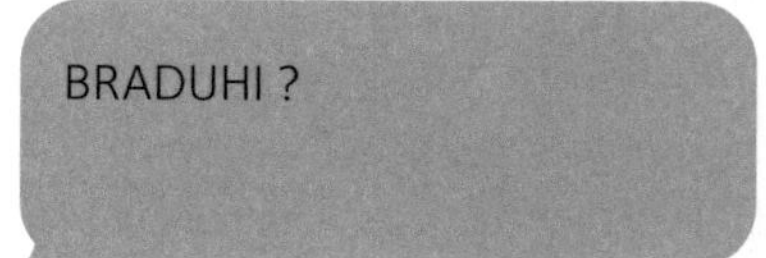

Shutterstock.com/Carboxylase (Smileys und Hände), Shutterstock.com/TaniBond (Sprechblasen)

WhatsApp zählte im Oktober 2021 mit zwei Milliarden Nutzenden (vgl. Statista 2022) zu den weltweit größten Anbietern des *Instant Messaging* (engl. für „sofortige Nachrichtenübermittlung"), also zu den Internetdiensten, die eine text- oder zeichenbasierte Kommunikation in Echtzeit ermöglichen. Der Kurznachrichtendienst ist zum selbstverständlichen Kommunikationsmedium von Personen geworden, die ein Smartphone benutzen. Dazu gehören wohl die meisten Eltern von Schülerinnen und Schülern und auch schon viele Kinder im Grundschulalter. Damit ist es das Paradebeispiel für die computervermittelte Kommunikation, die im Alltag der Familien – und auch der Lehrkräfte – Einzug gehalten hat. Diese ist in der vorliegenden Form zwischen den Normen der Mündlichkeit und der Schriftlichkeit anzusiedeln.
Was ist damit gemeint? – Eine WhatsApp-Nachricht schreibt man nicht wie einen Brief. (Sehr geehrte Frau Meier, [Umbruch] leider muss ich Ihnen mitteilen, xxx [Umbruch] Mit freundlichen Grüßen [Umbruch] Irmgard Müller) Vielmehr soll eine Echtzeit-Kommunikation ermöglicht werden: Das heißt, man unterhält sich durch unmittelbar aufeinander folgende, abwechselnde Aussagen in einem flüssigen Dialog – nur eben in schriftlicher Form. Eine zentrale Kommunikationsregel ist dabei, dass Nachrichten, die gelesen werden, auch unmittelbar beantwortet werden sollten (wobei die sendende Person erkennen kann, wenn die empfangende die Nachricht liest).
Um diese Schreibgeschwindigkeit herzustellen, wird auf viele Normen der Schriftlichkeit verzichtet: Standardbegriffe werden abgekürzt (*VG* für *viele Grüße* oder *mit freundlichen Grüßen*), auf viele Floskeln wird einfach verzichtet. Häufig wird auch auf umgangssprachliche Wendungen zurückgegriffen (*Hi* statt *Sehr geehrte*...) oder es werden neue Begriffe und Abkürzungen generiert (*BRADUHI* für *Brauchst du Hilfe?*). Insgesamt wird auch wenig(er) Rücksicht auf rechtschriftliche und grammatische Normen genommen (*wassagtse*). Wie beim Gespräch geht es vor allem darum, die Kommunikationsabsicht schnell und direkt zu vermitteln.
Durch die schriftliche Form fallen jedoch die nonverbalen und paraverbalen Elemente der mündlichen Kommunikation weg. Zum Teil werden dies nun durch einen eigenen Zeichenvorrat, Emoticon-Smileys von Emoji®, ersetzt.
Was von der Schriftlichkeit vor allem bleibt, ist die Speicherfunktion. Die Nachrichten liegen zeitunabhängig vor und können auch wiederholt und zeitverzögert abgerufen werden. Insofern haben die Kommunikationspartner/-innen zwar die Möglichkeit der unmittelbaren Reaktion, müssen diese aber nicht unter allen Umständen nutzten.

Das bedeutet, dass beim Instant Messaging …

- ein unmittelbarer und gleichzeitig schriftlicher Dialog entsteht.
- Umgangssprache statt Schriftsprache verwendet wird.
- neue Begriffe und Abkürzungen generiert werden.
- Kurzformen den Kommunikationsfluss erhöhen.
- Schreibgeschwindigkeit vor korrekter Rechtschreibung geht.
- Emojis® nonverbale Elemente ausdrücken können.
- die Gesprächspartnerinnen und -partner auch zeitverzögert auf Kommunikationsangebote reagieren können.

Digitale Medien verändern also Alltagskommunikation. Das sollte als Unterrichtsgegenstand Teil des Nachdenkens über Sprache und Sprachhandeln im Deutschunterricht sein. Es kann auch als Unterrichtsmittel genutzt werden, indem die Schülerinnen und Schüler etwa aufgefordert werden, per Instant Messaging zu einem Thema zu kommunizieren.

1.2 Information

Schon 2011 beschäftigt sich Lena Schulz mit der Informationsflut, der via Internet nicht nur Erwachsene, sondern auch Schülerinnen und Schüler an Grundschulen ausgesetzt sind: „Laut der KIM-Studie von 2008, deren Zielgruppe Kinder im Grundschulalter einschließt, benutzen rund 50% der befragten Sechs- bis Dreizehnjährigen mindestens einmal pro Woche eine Suchmaschine und 45% recherchieren ebenfalls mindestens einmal pro Woche Informationen für die Schule im Internet. […] Wenn es also eine Tatsache ist, dass bereits Kinder im Grundschulalter mit Informationen aus dem Internet arbeiten, die nicht wie in Schulbüchern didaktisch aufbereitet sind, müssen ihnen als Konsequenz auch Hilfestellungen dafür gegeben werden" (Schulz 2011, S. 6). Die KIM-Studie von 2020 bestätigt diese Zahlen, die bezüglich der Nutzung von Suchmaschinen annähernd gleichgeblieben sind (vgl. Medienpädagogischer Forschungsverbund Südwest 2021, S. 51) – gleichbleibend daher auch die Forderung nach einer nötigen pädagogischen Begleitung in der Arbeit mit diesen.

Die Situation im Unterricht soll an einem Beispiel verdeutlicht werden

Frau Müller gibt ihrer 4. Klasse ganz allgemein den Arbeitsauftrag, Informationen zum Thema „Wald" zu suchen und mitzubringen. Sie möchte dadurch erfahren, was die Kinder schon wissen und wo ihre Interessen liegen.
Viele Kinder forschen im Internet:

- Alexander sucht bei *Google* zum Stichwort „Wald". Es werden ihm „ungefähr 138.000.000 Ergebnisse" präsentiert.
- Bilal schaut nach „Wald" bei *Wikipedia* und findet dort sprachlich anspruchsvolle Ausführungen zu Wortherkunft und Begrifflichkeiten, Waldökosystemen u. v. m.
- Carola informiert sich zum Wald bei der *Kindersuchmaschine fragFINN.de*. Dort findet sie *Links zu Webseiten*, wie „Wald – Einfach Lexikon – Erklären in einfacher Sprache".
- Dennis ruft *Klexikon, das freie Kinderlexikon*, auf, ein Wikipedia-Pendant für Kinder. Hier werden übersichtlich *Informationen* angeboten, wie „Welche Arten von Wäldern gibt es auf der Welt?".
- Elsa findet einen *Film bei YouTube*: „Baumkunde-Tour (1): Ein paar Laubbäume im Winter".
- Franziska hat bei *YouTube Kids ein Tutorial* entdeckt: „Basteltipp: So baut ihr ein Wald-Mobile".
- Giovanni hat die Seite von *WAS IST WAS* aufgerufen, da er die Sachbücher und den Internetauftritt kennt. Zum Stichwort „Wald" gibt es Links zu „Gut zu wissen", „Eure Fragen", aber auch eine *Hörprobe* „WAS IST WAS Junior im Wald".

Durch den unspezifischen Arbeitsauftrag entsteht ein Sammelsurium an Beiträgen, teils aus Büchern, teils aus dem Netz: visuelle, auditive, audiovisuelle Angebote, die nur zum Teil kindgerecht sind. Ein guter Ausgangspunkt, findet Frau Müller, um an einer Informationskompetenz zu arbeiten!
Hier muss betont werden, dass Informationskompetenz mehr als die effektive Suche nach Informationen ist. Vielmehr geht es zunächst um die Fähigkeit, sich komplexe Sachverhalte durch das Vernetzen von Fragen erschließen zu können (vgl. Schulz 2011, S. 11).

Informationskompetenz über digitale Medien zu (v-)ermitteln, schließt folgende Schritte ein:

Schritt 1: Klären, welche Informationen mich interessieren:

- ▶ Dieser Schritt kann mehrfach revidiert werden, wenn man bei der Suche im Netz immer wieder auf neue Aspekte oder Themenfelder stößt, die man anfangs nicht im Blick hatte. Eine grundsätzliche Zielrichtung darf allerdings nicht aus den Augen verloren werden, da man sich sonst ergebnislos verzettelt.
- ▶ Frau Müller klärt im Sitzkreis mit den Kindern, was sie zum Thema „Wald" interessiert. Die Klasse einigt sich darauf, dass sie Pilze spannend findet. Die Kinder möchten Speisepilze erkennen können und gemeinsam Pilze suchen gehen.

Schritt 2: Informationen suchen:

- ▶ Das gelingt nur, wenn man weiß, wie man passende Fragen und/oder Stichworte formuliert. Es geht darum, ein Thema so offen zu benennen, dass alle relevanten Ergebnisse aufscheinen und gleichzeitig so einzugrenzen, dass diese überschaubar bleiben. Geeignete Stichworte müssen dabei auch rechtschriftlich korrekt sein. Außerdem muss man unterscheiden, wo und in welcher Form man suchen will: Möchte ich ein Tutorial oder ein Erklär-Video, einen Hörbeitrag, einen wortreichen oder einen bildlastigen Textbeitrag finden?
- ▶ Nun werden wichtige Stichworte auf einem Plakat notiert und ihre Rechtschreibung überprüft. Die Kinder überlegen: Sie möchten essbare Pilze sicher erkennen und wissen, wo sie diese finden könnten. Sie entscheiden sich dafür, in Online-Lexika nach den bekanntesten Speisepilzen und gefährlichen Giftpilzen zu suchen und nach einem Tutorial, in dem das Pilzesuchen im Wald live vorgeführt wird.

Schritt 3: Informationen finden:

- ▶ Dazu muss man geeignete erste Zugangswege kennen. Für Kinder gibt es eine Reihe spezieller, gut geeigneter Suchmaschinen (z. B. Blinde Kuh, FragFINN, Helles Köpfchen), Kinderlexika (z. B. Klexikon, Schülerlexikon) und Kanäle (z. B. YouTube Kids), auf die sie zugreifen können.
- ▶ Frau Müller stellt den Kindern verschiedene Kinderlexika im Netz vor. Sie suchen dort arbeitsteilig nach den Informationen, die sie auf dem Plakat notiert haben. Nach dem Tutorial forschen sie auf YouTube Kids.

Schritt 4: Informationen auswählen:

- Für die Auswahl der Informationen muss man bedenken, wofür man diese benötigt. Im Hinblick auf diese Überlegung müssen die vorhandenen Informationen gesichtet und gefiltert werden. Dazu bedarf es, je nach Anspruch der Internetseiten, einer passenden Lesekompetenz (wobei man auch bei Filmen und Hörbeiträgen in der Regel anhand der schriftlichen Beschreibung zunächst klären sollte, ob sich der Rezeptionsaufwand lohnt).
- Die Kinder haben sich darauf geeinigt, ein Portfolio zum Thema „Pilze" zu erstellen. Dieses soll Auskunft über die je vier wichtigsten Speise- und Giftpilze geben. Ergänzend soll es eine Anleitung zum Pilzesuchen enthalten. Die Informationen zu den Pilzen werden im Hinblick darauf ausgewertet, wie häufig der Pilz bei uns vorkommt, ob er speisetechnisch wertvoll oder gefährlich ist und ob man ihn einfach erkennen kann.

Schritt 5: Informationen bewerten:

- Welche Informationen sind brauchbar, welche nicht? Was ist relevant oder irrelevant? Sind die Informationen wissenschaftlich gestützt oder fake? Je nach Thema gilt es verschiedene Quellen auszuwerten, zu vergleichen und zu bewerten.
- Für das Portfolio müssen sich die Kinder entscheiden, welche Kriterien sie aufnehmen, um die gezeigten Pilze eindeutig zu bestimmen. Ebenso vergleichen sie Abbildungen und wählen geeignete aus. Für die Anleitung zum Pilzesuchen notieren sie sich Stichworte, die sie später selbst illustrieren.

Schritt 6: Informationen nutzen:

- Im letzten Schritt müssen die Informationen den Praxistest bestehen: Können sie den Zweck erfüllen, für den sie gesucht wurden? Weiß die rezipierende Person nun, was sie wissen wollte? Kann sie Zusammenhänge herstellen, sich Phänomene erklären, Anleitungen ausführen?
- Die Kinder gestalten Portfolios, die sie auf einen Schulausflug mit in den Wald nehmen. Pilze, die sie dort finden, werden danach bestimmt.

Die Überfülle und Vielfalt der Angebote in den digitalen Medien sind Chance und Herausforderung zugleich: Wer sie zu nutzen weiß, profitiert in hohem Maß.

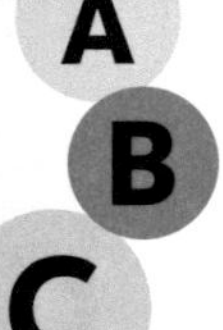

1.3 Narration

In besonderer Weise finden sich die Unterrichtsgegenstände des Literaturunterrichts in den digitalen Medien, als Beispiel eine Bilderbuch-App.

Die Kinder-App „Grimms Rotkäppchen – Interaktives 3D Aufklappbuch“ von StoryToys Entertainment Ltd. läuft auf iPad, iPhone, MacOS, Android und Kindle Fire. Das Märchen wird darin in einzelne Abschnitte unterteilt, die als Text optisch wie eine Doppelseite in einem Märchenbuch aufbereitet sind. Die Kinder haben die Wahl, den Text entweder selbst zu lesen oder sich vorlesen zu lassen. Nach jedem Abschnitt folgt eine interaktive Seite mit einer spielerischen Aufgabe zur Geschichte.
Die Bilderbuch-App ist eine digitale Präsentationsform von Literatur, die sehr vielen Kindern bereits im Vorschulalter begegnet. Sie wird auditiv, visuell, audiovisuell, interaktiv, spielerisch und solitär rezipiert.

Die einzelnen Rezeptionsformen sind, wie sich am Beispiel des Märchens zeigen lässt, für sich genommen seit langem bekannt:

- *Auditiv:* Märchen wurden (und werden) seit langer Zeit mündlich erzählt. Neben einer real erzählenden Person gab und gibt es auch verschiedene Speichermedien, wie Schallplatte, Hörkassette, CD, Podcast online usw.
- *Visuell:* Spätestens seit den Gebrüdern Grimm liegen Märchen auch in Schriftform vor. Im Bilderbuch wird die Schrift durch Bilder ergänzt.
- *Audiovisuell:* Märchentheater und -oper, Verfilmungen, Zeichentrick- und Videoclips auf YouTube usw. bieten gleichzeitig Bilder und Töne an.
- *Interaktiv:* Schon in der frühen Form des Erzählens kann man von Interaktivitäten ausgehen. Die Zuhörenden fragen bei der erzählenden Person nach, ergänzen Details, kommentieren die Erzählung u. v. m. Auch in einer Vorlesesituation kann es zu Gesprächen über den Text (und die Bilder eines Bilderbuchs) kommen.
- *Spielerisch:* Märchen werden von den Kindern in der Gruppe oder allein (z. B. auch mit Puppen) nachgespielt. Es gibt Märchenbrettspiele, -ratespiele u. v. m.
- *Solitär:* Das Kind kann dem Märchen dann allein begegnen, wenn es medial gespeichert ist: als schriftlicher Text, der gelesen wird, oder als Hörtext auf einem Medium.

Neu an der Bilderbuch-App ist, dass sie viele Rezeptionsformen kombiniert und der rezipierenden Person auch verschiedene Wahlmöglichkeiten lässt.
Je nach Qualität der App (bei den folgenden Beispielen aus verschiedenen Anwendungen zusammengetragen) bietet das vielfältige Differenzierungsmöglichkeiten für den Unterricht:

- *Differenzierung beim Hörverstehen:* Ist die Geschichte gut illustriert, können die Bilder spracharmen Kindern bzw. Kindern mit geringeren Deutschkenntnissen helfen, den Text zu verstehen, z. B. wird in kleinen Filmsequenzen noch einmal gezeigt, was geschieht?
- *Differenzierung beim aktiven Zuhören:* Sind die Spiele so gestaltet, dass ihre Lösung sich aus der Geschichte ergibt? Muss das Kind beim Erzähltext genau hinhören? Werden z. B. Gegenstände gesammelt, die der Held bzw. die Heldin für die Lösung einer Aufgabe benötigt?
- *Differenzierung bei der Aufmerksamkeitsspanne:* Ist es möglich, die interaktiven Spiele zu- bzw. abzuschalten? Können Spielemöglichkeiten den Rezeptionsmodus auflockern? Löst z. B. ein Geschicklichkeitsspiel, bei dem schnell reagiert werden muss, den Leseprozess ab, wenn bestimmte Gegenstände auf dem Bildschirm auftauchen?
- *Differenzierung beim Lesen:* Lässt sich die Vorlesefunktion ein- bzw. ausschalten? Können die Kinder den Text ganz oder in Teilen selbst lesen und selbstständig überprüfen, ob das Gelesene korrekt ist? Lassen sich z. B. Textteile gezielt anklicken und werden dann vorgelesen?
- Differenzierung beim Wortschatz: Lässt sich ein Erklär-Modus für schwierige Wörter zuschalten? Kann sich das einzelne Kind direkt Nicht-Verstandenes erklären lassen? Sind z. B. im Text schwierige Wörter unterstrichen – wenn man sie anklickt, werden sie erklärt?

Manches kann eine Bilderbuch-App auf dem Tablet nicht leisten: Das Gefühl von Zuwendung und Geborgenheit, das beim Vorlesen oder Erzählen abends vor dem Schlafengehen (oder im günstigsten Fall auch in der Klasse im Sitzkreis) entsteht oder die geheimnisvolle und spannende Atmosphäre beim Märchenerzähler oder bei der Märchenerzählerin im Märchenzelt oder im Theater wird nicht vermittelt. Auch das versunkene, selbstvergesse Lesen wird durch dieses Format nicht gefördert.
Trotzdem bietet eine Bilderbuch-App eine Reihe von ansprechenden Gratifikationen, die vor allem bei der individualisierten Betrachtung des Märchens sonst

kaum erfüllt werden können, denn die Kinder erleben das Märchen sehr selbstbestimmt:
Dies beginnt schon bei der Textbegegnung über das Tablet, das überall im Klassenzimmer genutzt werden kann und, so das Kind einen Kopfhörer benutzt, auch unabhängig von den Aktivitäten der übrigen Klassengemeinschaft jederzeit verwendet werden kann – im Prinzip ähnlich wie ein Buch, allerdings eben auch von (Noch-)Nichtlesenden.
Zudem ist die Geschichte in einzelne Abschnitte aufgeteilt, die das Kind in seiner persönlichen Rezeptionsgeschwindigkeit anklickt oder weiterwischt. Dabei kann es beliebig Kapitel überspringen oder wiederholen, und zwar unaufwändiger und schneller als bei anderen Speichermedien. Die Verknüpfung von Geschichte und Spielelementen ist dabei vor allem für Kinder mit kurzer Aufmerksamkeitsspanne motivierend und regt zu eigenaktiver Auseinandersetzung mit dem Märchen an.
Natürlich finden sich in einer, pädagogisch überlegt gewählten, Bilderbuch-App auch die Vorteile eines Bilderbuchs, wie kindgerechte Sprache in kurzen, leicht lesbaren Texten und dazu ästhetisch ansprechende, zu Anschlusskommunikation herausfordernde Bilder, die die Kinder auf dem Tablet auch längere Zeit gemeinsam ansehen und dazu ins Gespräch kommen können. Dass auditive Elemente, wie Imagination stützende Geräusche und Musik und eine angenehme Erzählstimme, nach freier Wahl alleine oder gemeinsam parallel zur visualisierten Geschichte gehört werden können, vertieft den Eindruck, den das Märchen auf das einzelne Kind machen kann.

2 Deutschdidaktische Potenziale digitaler Medien

Während es im ersten Kapitel darum ging, zu zeigen, dass sich die *Gegenstände des Deutschunterrichts* durch den Gebrauch digitaler Medien in der Alltagswelt der Kinder verändert haben, nimmt das zweite Kapitel mit der Frage nach dem fachdidaktischen Potenzial den Einsatz digitaler Medien als *Teil der Unterrichtsmethoden* in den Blick.

Im Mittelpunkt stehen dabei die Kompetenzbereiche des Fachs Deutsch, wie sie die Bildungsstandards definieren: „In der Grundschule erweitern die Kinder ihre Sprachhandlungskompetenz in den Bereichen des Sprechens und Zuhörens, des Schreibens, des Lesens und Umgehens mit Texten und Medien sowie des Untersuchens von Sprache und Sprachgebrauch. Die Kompetenzbereiche sind im Sinne eines integrativen Deutschunterrichts aufeinander bezogen" (KMK 2005, S. 7). Im Sinne der Fachbereichsintegration sollen sich die Potenziale, die digitale Medien bieten, vor allem auf die Operationen konzentrieren, die hinter den einzelnen Teilbereichen stehen:

- *Beschäftigung mit Sprach- und Denkmustern:* Digitale Medien können vertieft dazu beitragen, dass Schülerinnen und Schüler mündliche und schriftliche Sprechakte sowie multimediale Sprechhandlungen, auf denen die Förderung der Sprachhandlungskompetenz fußt, *analysieren.*
- *Begegnung mit unbekannten und fiktionalen Welten:* Die mediale Erweiterung von Begegnungen mit Literatur trägt zu neuen Erfahrungsmöglichkeiten bei, die den Lernenden beim Umgang mit literarischen Texten helfen, diese zu *interpretieren.*
- *Schöpferisch-kreative Kapazitäten:* Eine besondere Chance beim Einsatz von digitalen Medien liegt darin, dass sie zur eigenständigen Produktion herausfordern und schnell ansprechende Präsentationsmöglichkeiten anbieten, sodass die Kinder angeregt werden, „in den Bereichen des Sprechens und Zuhörens, des Schreibens, des Lesens und Umgehens mit Texten und Medien" (KMK 2005, S. 7) Sprache zu *gestalten.*
- *Übung von Unterrichtsinhalten:* Gerade im Bereich der Orthografie und Grammatik helfen didaktisch durchdachte digitale Lernprogramme durch ein differenziertes, spielerisch aufbereitetes Übungsangebot, Lerninhalte zu *internalisieren.*

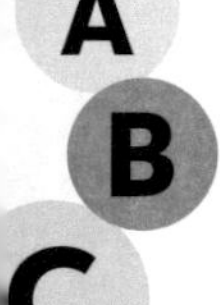

2.1 Beschäftigung mit Sprach- und Denkmustern

Die von der Kultusministerkonferenz in den Bildungsstandards geforderte Sprachhandlungskompetenz schließt mündliche und schriftliche Sprechakte ein. Der Deutschunterricht ist hier in beiden Hinsichten gefordert: Schülerinnen und Schüler sollen mündlich souverän Kommunikationssituationen bewältigen und sich schriftlich passgenau ausdrücken können. Dies kann durch eine bewusste Analyse von Sprachhandlungen grundgelegt und in der konkreten Anwendung vertieft werden. Das Potenzial digitaler Medien dazu soll im Folgenden für beide Anforderungsbereiche skizziert werden.

Digitale Medien können vertieft dazu beitragen, dass Schülerinnen und Schüler mündliche und schriftliche Sprechakte sowie multimediale Sprechhandlungen, auf denen die Förderung der Sprachhandlungskompetenz fußt, analysieren.

Verständigung in mündlichen Kommunikationssituationen

Der bayerische Lehrplan PLUS formuliert auf der Basis der Bildungsstandards als Kompetenzerwartung in den Bereichen „Sprechen und Zuhören" und „Sprache und Sprachgebrauch untersuchen und reflektieren" für die 3./4. Jahrgangsstufe:

Die Schülerinnen und Schüler …

(a) „beschreiben und bewerten Ursachen (z. B. vollständige, geordnete Informationen, Gestik und Mimik, wertschätzende Haltung) und Wirkungen (z. B. Aufmerksamkeit, Interesse) von gelingender Verständigung." (Bay. Staatsministerium 2014, S. 129)

(b) „setzen ihre Sprechabsichten mit angemessenem Wortschatz in der persönlichen Sprachvarietät (z. B. im Dialekt, in der Jugendsprache) sowie in der Standard- und Bildungssprache um." (ebd., S. 123)

Diese beiden Kompetenzerwartungen lassen sich – sehr traditionell – gut mithilfe vielfältiger Spielsituationen fördern. Geeignet ist in diesem Kontext z. B. das klassische Rollenspiel. Das Rollenspiel ist eine Methode, die im Zug der kommunikativen Wende Anfang der 1970er Jahre in den Deutschunterricht eingezogen ist. Als Simulationsspiel bietet es eine „regelgeleitete, absichtsvolle Simulation von Konflikten und Entscheidungsprozessen" (Meyer 1987, S. 346),

die in Kommunikationssituationen gelöst werden. Diese werden beobachtet, beschrieben und bewertet.

Ein Aufgabenbeispiel: Nachwuchs bei Ümits Labradorhündin

Ümits Hündin hat Junge bekommen. Er erzählt davon in der Klasse und sagt, dass er gerne welche abgeben würde. Seine Klassenlehrerin bittet ihn, den Kindern Informationen zum Thema zu geben. Ümit informiert sich bei einem Hundeprofi zum Thema „Labradore und ihr Nachwuchs".

a) Spielt eine sachverständige Person, die über das Thema Auskunft gibt.

Lisa wünscht sich schon lange einen Hund. Nun versucht sie, ihre Eltern davon zu überzeugen, dass sie einen der Welpen nehmen.

b) Spielt ein Gespräch, in dem Lisa ihre Eltern davon zu überzeugen versucht, dass sie einen der Welpen nehmen.

Die beiden Situationen stellen unterschiedliche sprachliche Anforderungen, die sich im Vergleich gut herausarbeiten lassen. Auf den ersten Blick ist dies ohne mediale Unterstützung durchaus möglich. Sieht man aber genauer hin, wird deutlich, dass sich die Aufgabenstellung mithilfe digitaler Medien wesentlich gewinnbringender lösen lässt.
Grundsätzlich kann man bezüglich des Ablaufs die Entscheidung treffen, dass man die Spielsituationen inhaltlich und sprachlich bereits intensiv vorbereitet (z. B. indem man für das Schüler/-innen-Eltern-Gespräch Argumente sammelt). Es ist aber auch möglich – und wird hier präferiert –, dass man nur die Spielsituation klärt (dazu gehört auch, dass Sachwissen zum Thema bereitgestellt wird, etwa aus der fächerübergreifenden Erarbeitung im Sachunterricht) und die Kinder auf der Basis ihrer persönlichen Erfahrungen einfach drauflosspielen lässt. Bei dieser Vorgehensweise wird die Rollen-Ausführung erst in der Auswertung diskutiert und analysiert.
In der Regel schließt sich dann ein weiterer Spieldurchlauf an, in dem die gewonnenen Erkenntnisse praktisch umgesetzt werden.

Medieneinsatz:
Individuelle Aufnahme der Spielsituationen mit dem Smartphone oder Tablet; gemeinsame Auswertung in mehreren Stufen: auditiv, visuell und audiovisuell.
Die technische Umsetzung lässt sich dabei unkompliziert lösen, indem ganz einfach über die Video-Funktion (schuleigener) Tablets oder privater Smartphones

die kleinen Spielszenen direkt von den Kindern mitgefilmt werden. Die Kinder können sich ihre eigenen Aufnahmen auf ihrem Gerät noch einmal ansehen und die Filmsequenzen, wenn sie der Präsentation zustimmen, an die Lehrkraft senden, die diese sichtet, in geeigneter Reihenfolge abspeichert und über das Smartboard (oder einen Computer mit Beamer) vor der Klasse präsentiert. Es muss allerdings darauf geachtet werden, dass bei Verwendung privater Geräte die Aufzeichnungen dort vollständig gelöscht werden, um dem Datenschutz gerecht zu werden.

Mehrwert/Potenzial für die Analyse:

- *Zeitliche Flexibilität:* Die Kinder erarbeiten beide Spielsituationen in Kleingruppen. Dadurch, dass sie mit dem Tablet ihr Spielergebnis selbständig aufnehmen können, müssen nicht alle zur gleichen Zeit im gleichen Zeitrahmen zu einem Ergebnis kommen. Die Erarbeitung kann auch z. B. in die Wochenplan- oder Freiarbeit verlegt werden.
- *Iteration bei der Aufnahme:* Gelingt die Vorführsituation nicht, kann die Spielszene beliebig oft eingespielt werden.
- *Überprüfbarkeit der Aufnahme:* Jedes spielende Kind kann sich die Aufnahme, die im Klassenverband gezeigt werden soll, vorher ansehen und entscheiden, ob es mit der Veröffentlichung einverstanden ist. Dadurch werden peinliche Situationen und Lampenfieber vermieden.
- *Trennung von Aufführung und Auswertung:* Die Aufnahme des Spielergebnisses erfolgt zeitlich unabhängig von der Vorstellung und Auswertung vor der Klasse. Die Zuschauenden sind nicht erschöpft vom Spielen und können den Filmclips konzentrierter folgen.
- *Trennung von Spielenden- und Beobachtendenrolle:* Alle Kinder der Klasse können alle Filmclips gemeinsam ansehen. Sie schlüpfen erkennbar in die Beobachtendenrolle und können sich auf einer Ebene über die Spielszenen unterhalten.
- *Steuerbarkeit durch die Lehrkraft:* Die Filmclips können vor der Auswertung in der Klasse von der Lehrkraft gesichtet, geordnet und im Hinblick auf zu erwartende Ergebnisse strukturiert werden.
- *Trennung der Ebenen:* Die Clips können auf dem Smartboard ohne Ton gezeigt werden, um besonders die Körpersprache herauszuarbeiten. Sie können auch nur angehört werden, um entweder den Inhalt oder die Sprache besonders zu untersuchen oder auf paraverbale Aspekte einzugehen.
- *Wiederholbarkeit bei der Aufführung:* Einzelne Teilsequenzen können wiederholt angesehen, verglichen und detailliert beschreiben werden.

Zum Beispiel „Nachwuchs bei Ümits Labradorhündin":
Die Kinder besprechen ihre Vorgehensweise, wobei sie für den Sachbeitrag ihre Unterlagen aus dem Sachunterricht mit heranziehen, und nehmen in Kleingruppen die beiden Spielszenen auf.
Dann folgt die gemeinsame Auswertung der Spielszenen, die der Klassengemeinschaft über das Smartboard gezeigt werden. Dabei werden Einzelszenen wiederholt angesehen, zum Teil werden sie auch ohne Ton bzw. nur auditiv rezipiert. Ein Beobachtungsbogen kann dabei helfen, die gewünschten Ergebnisse zu fokussieren.

Die Kinder erkennen …

- dass der bzw. die Sachverständige sachlich spricht und überzeugender wirkt in der Sprachvarietät Standard- und Bildungssprache. Er/sie benutzt z. B. Fachbegriffe, wie „Welpe", „Rudel" u. Ä.
- dass sich im Gespräch mit den Eltern sachliche und emotionale Inhalte abwechseln, wobei auf die Umgangssprache (evtl. auch Kosenamen) zurückgegriffen wird, die zuhause verwendet wird.
- dass eine ruhige, aufrechte Körperhaltung der sachverständigen Person mit sparsamen Gesten seriös wirkt.
- dass Augenkontakt und eine körperliche Zuwendung, evtl. auch intensivere Gestik, die Eltern emotional mit einbezieht.
- dass ein klarer Aufbau des Vortrags und vollständige, geordnete Informationen umfassendes Wissen vermitteln.
- dass eine wertschätzende Haltung und ein direktes Eingehen auf die Argumentation des Gesprächsgegenübers eher zu einer Umsetzung der Sprechabsichten führen.

Im Anschluss wenden die Kinder diese Erkenntnisse in einem zweiten Spieldurchgang praktisch an. Dieser kann ebenfalls aufgezeichnet werden, je nachdem, wie tief man in die Thematik einsteigen möchte.

Verständigung in multimedialen Kommunikationssituationen

Ein Themenfeld von großer Lebensbedeutsamkeit im Kontext der Textanalyse ist die Betrachtung persuasiver Kommunikation, z. B. in der Werbung. Hierzu findet sich im bayerischen Lehrplan PLUS im Anschluss an die Bildungsstandards die Kompetenzerwartung im Bereich „Sprache und Sprachgebrauch unter-

suchen und reflektieren" für die 3./4. Jahrgangsstufe: Die Schülerinnen und Schüler „untersuchen, welche sprachlichen Mittel genutzt werden, um bestimmte Wirkungen zu erreichen (z.B. Werbung [...])" (BAY. STAATSMINISTERIUM 2014, S. 129).
Kommerzielle Werbung findet sich auf allen medialen Kanälen, hier greift die Veränderung des Unterrichtsgegenstandes durch digitale Medien vollumfänglich. Gleichzeitig liegt hier aber auch die Chance für einen gewinnbringenden methodischen Zugang.

Ein Aufgabenbeispiel: Werbung für eine Wäschepflege von Lenor

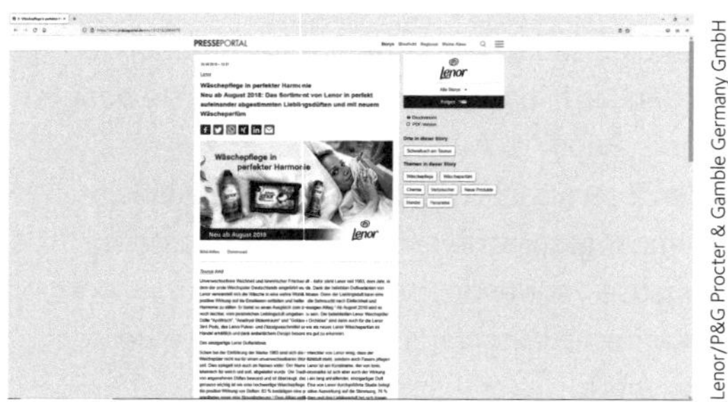

Lenor/P&G Procter & Gamble Germany GmbH

Abb. 2: Pressebericht zu einer Werbeanzeige der Marke „Lenor"

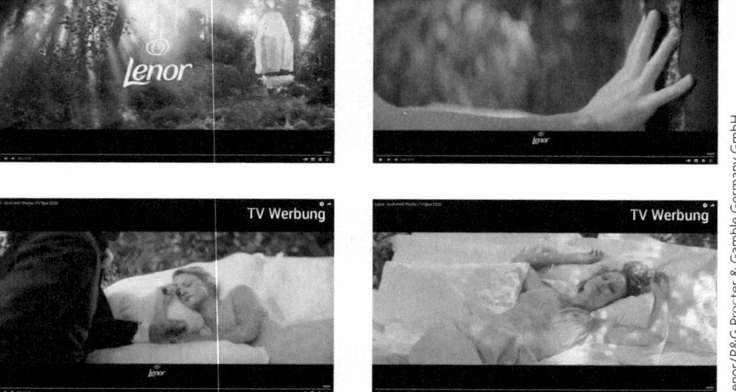

Lenor/P&G Procter & Gamble Germany GmbH

Abb. 3–5: Szenen aus einem Werbespot der Marke „Lenor"

Im Anschluss an die Rezeption der Bilder entstehen eigene Werbeanzeigen und Werbevideos für eine von den Kindern selbst kreierte Limonade. Die Idee, eine eigene Limo in einem Werbefilm zu vermarkten, geht auf ein Projekt des BR von 2017 zurück.

Medieneinsatz:

- Transformation von einer medialen Form in eine andere: Von der Werbeanzeige zum Werbevideo – und/oder umgekehrt

Mehrwert/Potenzial für die Analyse:

- *Aktualität:* Der Untersuchungsgegenstand „Werbung“ wird so abgebildet, wie er in der Medienlandschaft umgesetzt wird. Damit wird der Deutschunterricht der Veränderung seiner Gegenstände, wie im ersten Kapitel beschrieben, gerecht. Es besteht eine Konvergenz von Gegenstand und Methode.
- *Lebensweltbezug:* Die Schülerinnen und Schüler erleben beide Formen der Werbung vielfältig in ihrem Alltag.
- *Mehrdimensionalität:* Der Fokus, der im Kompetenzbereich 4 des bayerischen Lehrplans auf der Untersuchung der Wirkung „sprachlicher Mittel“ liegt, wird in einem weiten Sinn aufgefasst.
- *Erkenntnisgewinn durch den Unterschied der Konzepte:* Im unmittelbaren Vergleich verdeutlichen sich Aspekte, die sonst als eher selbstverständlich wahrgenommen werden.
- *Fokussierung der Analyse:* Der Kontrast gesprochener und persuasiv gestalteter Sprache, die Bildsprache eines Fotos und bewegter Bilder, die spezielle Wirkung von Setting und Musik sticht im Vergleich nachhaltig hervor.
- *Nachvollziehbarkeit der Entstehung:* Die Möglichkeit, die Werbeinhalte in den beiden Formaten selbst zu produzieren, macht Abläufe verständlich und ermöglicht einen Blick hinter die Kulissen.
- *Praktischer Einblick in Formen der Manipulation:* Durch den selbstständigen Einsatz manipulativer Mittel wird der Blick für diese geschärft.
- *Persönliche Handlungsermächtigung:* Die Kinder fühlen sich den Werbeinhalten gegenüber nicht ausgeliefert, sondern erleben sich als Gestaltende, die selbstständig handeln können.

Und so kann im Unterricht vorgegangen werden:

Schritt 1: Es erfolgt ein Vergleich der Werbeanzeige, das heißt dem Bild mit Pressetext, und des Werbespots von Lenor. Die Kinder entwickeln dabei anhand der Produktverpackung von Lenor (wie in der Anzeige abgebildet) verschiedene

alternative Ideen, wie man eine Wäschepflege bewerben kann. Im Anschluss vergleichen sie die Werbeanzeige (Bild und Text) mit dem Werbevideo.

Die Kinder erkennen…

- dass in beiden Medien die gleiche Botschaft bezüglich der Wirkung des Produkts – hier: „lang anhaltender Frischeduft“ – vermittelt werden soll.
- dass in der Anzeige mit Bild und Text (hier im Verhältnis 50:50) gearbeitet wird.
- dass der Text mit kreativen Wortschöpfungen („Wohlfühloase“), farbigen Adjektiven („himmlisch“, „unverwechselbar“) und einer betonen Wiederholung des Wortes „Duft“ in verschiedenen Variationen („Lieblingsduft“, „Frischeduft“, „Duftvarianten“) funktioniert.
- dass das Produkt im Bild prominent platziert ist und die Elemente prinzessinnenhafte Frau, frische weiße Bettlaken und Schmetterlinge dazu eine bestimmte Stimmung vermitteln.
- dass der Werbespot eine Geschichte erzählt und dabei das Märchen „Dornröschen“ kreativ verfremdet.
- dass der Wortanteil hinter dem Bildanteil zurücktritt.
- dass das Produkt mehrfach eingeblendet und damit prominent in den Vordergrund gestellt wird.
- dass mit ähnlichen Bildelementen wie in der Anzeige gearbeitet wird: Bettlaken, Blütenblätter/Schmetterlinge, grüne Natur.
- dass die Musik eine tragende Rolle spielt.

Schritt 2: Die Kinder wenden die Erkenntnisse aus Schritt 1 praktisch an. Sie entwickeln ihr eigenes Produkt und bewerben es.

Zuerst überlegen sie sich, welche Wirkung des Produkts sie in den Vordergrund stellen möchten. Dann entwerfen sie einen Werbetext und ein Bild für die Anzeige. Im Anschluss entwickeln und drehen sie ihren eigenen Werbespot.

Zur praktischen Umsetzung des Werbespot-Drehs finden Sie Anregungen bei „Medienkompetenzprojekte“ auf BR.de (vgl. Weller 2017). Dort wird anschaulich erläutert, wie Grundschulkinder in einem Projekt eine Limonade kreierten und bewarben.

Zunächst experimentierten die Kinder dort in Kleingruppen mit verschiedenen Zutaten und entwickelten ein schmackhaftes Getränk. Dazu verwendeten sie die Grundzutaten Orangen, Zitronen, Minze und Honig. Sie planten, die Limonade auf dem Sportfest der Schule verkaufen. Sie fanden einen Produktnamen,

entwickelten ein Logo und entwarfen ein Etikett. Dabei wurden die Erkenntnisse, die über die Wirkung von Motiven, Farben und Werbewörtern gesammelt wurden, herangezogen.
Mithilfe eines Storyboards, d.h. einer Tabelle, in der der Ablauf des Filmclips mittels Einstellungsskizzen, Text und Ton dargestellt wird, wurden kleine Werbegeschichten entwickelt. (Zur Erstellung von Storyboards vgl. Lehrerfortbildungsserver Baden-Württemberg (o.J.)) Die Kinder bekamen dazu einen Erzählplan, in der eine Ausgangssituation in einem lustlosen, müden und gelangweilten Zustand durch die Limonade positiv gewendet wurde.
Mit Videokameras, mit deren Basisfunktionen (Aufnahme, Zoom, Einstellungen am Stativ) die Kinder vertraut gemacht wurden, wurden dann Spielszenen gedreht. Diese können ganz unkompliziert gleich mit Ton und GEMA-freier Musik fertig abgefilmt werden. (Auch eine Aufnahme mit Tablet oder Smartphone ist natürlich möglich.) Professioneller ist eine Nachbereitung am Computer mithilfe von Schnittprogrammen – eine Arbeit, die von Grundschülerinnen und -schülern noch nicht geleistet wird. Als weniger technikaffine Lehrkraft bietet es sich hier an, die Eltern um Unterstützung zu bitten.

2.2 Begegnung mit unbekannten und fiktionalen Welten

Dass Literatur, als zentraler Gegenstand des Deutschunterrichts, in verschiedenen medialen Formen auftritt, ist mittlerweile in allen Lehrplänen festgelegt. Digitale Medien als Möglichkeiten eines methodischen Zugangs verstehen Maiwald u.a. unter dem Begriff „Intermedialität“: „Über die Gegenstandsseite hinaus lässt sich Intermedialität als methodisches Prinzip denken. Wenn Schüler(innen) ein Gedicht in PowerPoint bearbeiten oder in einen Videoclip überführen, wenn sie diese Produkte in eine virtuelle Lernumgebung platzieren und mit anderen darüber z.B. in einem Chat kommunizieren, dann wäre Intermedialität ein Aspekt des Textumgangs“ (Maiwald 2019, S. 13). Dieser Textumgang bietet sich vor allem für Zugänge im Sinne eines handlungs- und produktionsorientierten Literaturunterrichts an, der „literaturbezogene Fähigkeiten und Fertigkeiten mittels Grundformen ‚aktiv-produktiven Tuns‘ […] der Schüler ausbilden [will]“ (Niklas 2013, S. 43). Im Mittelpunkt stehen dabei eine subjektbezogene Aneignung und Interpretation literarischer Texte. Heute schreiben sich diese beiden Anliegen ein in Aspekte literarischen Lernens, wie Kaspar H. Spinner (einer der Mitbegründer des handlungs- und produktionsorientierten Literaturunterrichts) sie formuliert hat (vgl. Spinner 2006).

> Die mediale Erweiterung von Begegnungen mit Literatur trägt zu neuen Erfahrungsmöglichkeiten bei, die den Lernenden im Umgang mit literarischen Texten helfen, diese zu interpretieren.

Symbolhaltige Gestaltungen literarischer Texte wertschätzend wahrnehmen

Beim literarischen Lernen geht es oft um den Aspekt der Persönlichkeitsentwicklung – ein Ziel, das mit der anthropologischen Funktion von Literatur korrespondiert (vgl. Büker 2002). Emotionen wie Trauer, Einsamkeit oder Ängste nehmen eine wichtige Rolle in der zeitgenössischen Kinder- und Jugendliteratur ein. In vielen Kinder- und Jugendbüchern tragen sprachliche und symbolhaltige Gestaltungen dazu bei, diese Emotionen auszudrücken und zu verarbeiten.
Eine handlungs- und produktionsorientierte Interpretation kann zu einer Rezeptionskompetenz beitragen, die auch die Fähigkeit zur Empathie, eine der zentralen Entwicklungsaufgaben im Grundschulalter, schult.

Ein Aufgabenbeispiel: Nachdenken über den Tod mit dem Bilderbuch „Ente, Tod und Tulpe" von Wolf Erlbruch (2007)

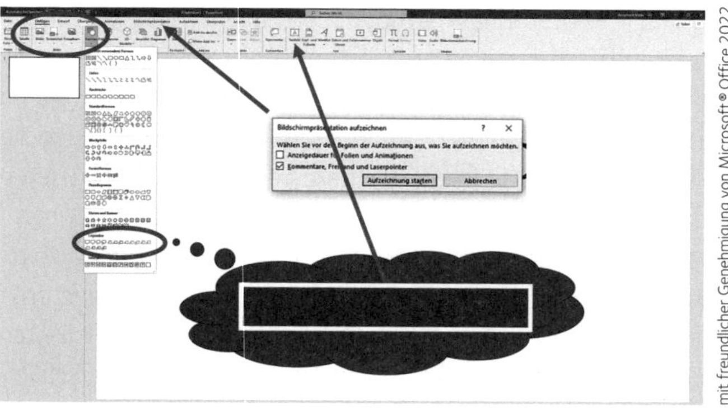

mit freundlicher Genehmigung von Microsoft® Office 2022

Abb. 6: Microsoft® PowerPoint-Folie zu „Ente, Tod und Tulpe"

Die Schülerinnen und Schüler setzen sich akustisch und schreibend mit dem Buch im Rahmen einer Microsoft® PowerPoint-Präsentation auseinander.

Plattform	technische Voraussetzungen
Apple AppStore	Microsoft® PowerPoint, mind. macOS 10.15
Google PlayStore	Microsoft® PowerPoint, mind. 1GB RAM
PC	Microsoft® Office

Tab. 1: Technische Voraussetzungen für Microsoft® PowerPoint

Technische Voraussetzungen und Materialien

- Bilderbuch „Ente, Tod und Tulpe" von Wolf Erlbruch
- Scanner oder Smartphone/Tablet mit Fotofunktion
- PC oder Tablet
- Smartboard oder PC/Beamer
- Endgeräte für die Kinder: PC oder Tablet

Medieneinsatz:

- Die Kinder erweitern eine Microsoft® PowerPoint-Präsentation des Bilderbuchs „Ente, Tod und Tulpe" um eine Tonspur mit dem Originaltext und Denkblasen mit selbstverfassten Texten zu den Gedanken der handelnden Figuren.

Mehrwert/Potenzial für die Interpretation:

- *Anknüpfen an Rezeptionsgewohnheiten:* Viele Kinder haben bereits vielfältige Erfahrungen mit Bilderbuch-Apps an Tablet und PC gesammelt. Die mediale Präsentation per Microsoft® PowerPoint bietet ein ähnliches Setting und weckt damit Vertrauen.
- *Überprüfbarkeit des Vorlesemodus:* Lautes Lesen beinhaltet immer eine Interpretation. Über die Stimmführung, Sprechgeschwindigkeit, Pausen usw. wird die Textwahrnehmung durch die Zuhörenden im Sinn der vorlesenden Person gelenkt. Dadurch, dass die Kinder mehrere Varianten ausprobieren, wiederholt anhören, vergleichen und bewerten können, wird das Interpretationspotenzial des Vorlesens bewusst genutzt.
- *Unmittelbare Verknüpfung von Bild und Ton:* Beim Vorlesen und Anhören des Gelesenen haben die Kinder immer direkt die Bilderbuchseite vor Augen. Das erleichtert Bewertungen des Vorlesemodus im Hinblick auf den inhaltlich/bildlichen Gehalt.

- *Beteiligung am Werk:* Das Hineinschreiben ins Buch, d. h. in Sprech- oder Denkblasen, die unmittelbar auf den digitalen Bilderbuchseiten platziert sind, macht die Beteiligung der Schülerinnen und Schüler bedeutsamer. Sie erleben sich gleichsam als Mitautor/-innen.
- *Unmittelbare Verknüpfung von Bild und Text:* Dadurch, dass die Sprech- bzw. Denkblase direkt einem Bild zugeordnet ist, fällt es leichter, sich auch unmittelbar auf die abgebildete Figur in genau dieser Situation einzulassen. Im Verlauf der Folien bzw. der Bilder werden dadurch auch Veränderungen deutlicher.
- *Zusammenschau von beiden Perspektiven:* Auch wenn die Perspektiven einzelner Figuren jeweils für sich erarbeitet werden sollten (z. B. zeitlich versetzt oder arbeitsteilig), werden sie in der visuellen Synopse vernetzt.
- *Zusammenführung in der Präsentation:* Die Arbeitsergebnisse ergeben ein Gesamtkunstwerk. In der Vorführung sehen die Zuschauenden das Bilderbuch, hören dazu die optimierte Lesung des Originaltextes durch die Kinder und können gleichzeitig die möglichen Gedanken der einzelnen Figuren lesen. Das spiegelt in ansprechender Weise die Arbeit der Klasse wider und motiviert, sich weiter vertieft mit dem Werk auseinanderzusetzen.

Zum Beispiel „Nachdenken über den Tod mit dem Bilderbuch „Ente, Tod und Tulpe" von Wolf Erlbruch (2007)":

Vorbereitung durch die Lehrkraft:

- Frau Müller fotografiert oder scannt die Doppelseiten des Bilderbuchs und fügt sie in eine Microsoft® PowerPoint-Folie ein. Sie ergänzt jeweils eine Denkblase für die Figuren auf der Seite, z. B. die Ente und der Tod (evtl. in unterschiedlichen Farben – zu finden unter *Einfügen – Formen – Legenden*; Farbgebung nach dem Einfügen und Anklicken der Denkblase in *Format – Fülleffekt*). In den Denkblasen öffnet sie ein Textfeld (*Einfügen – Textfeld*), in das sie als Platzhalter einige Unterstriche einfügt.
- Sie zeigt den Kindern, wie man in der Kopfleiste *Bildschirmpräsentation* anklickt, dann *Bildschirmpräsentation aufzeichnen* wählt, und dort nur ein Häkchen bei *Kommentare* wiedergeben setzt. Die Aufzeichnung startet man am günstigsten ab der aktuellen Folie. Danach erscheint links oben ein Kästchen *wird aufgezeichnet*, das auch die Möglichkeit zur Pause bietet. Dort kann man die Aufzeichnung auch beenden.

- Sie zeigt außerdem, dass man das Textfeld in der Gedankenblase anklicken kann, um dann dort einen eigenen Text zu schreiben.

Durchführung im Unterricht:

- Die Kinder lesen den Bilderbuchtext zu der Bildseite auf jeweils einer Folie laut vor, bis sie sich sicher sind, dass die Art des Vorlesens zum Bild passt. Jetzt erst drücken sie *Aufzeichnung starten* und sprechen in das Mikrofon des Computers. Dann beenden sie die Aufzeichnung und beginnen auf der nächsten Folie von Neuem.
- Falls sie unsicher sind, nehmen die Kinder mehrere Varianten auf und hören sich diese vergleichend an.
- Falls die Aufzeichnung den Kindern nicht gefällt, können sie das Lautsprechersymbol auf der Folie löschen, dann ist die Aufnahme gelöscht.
- Wenn die Kinder mit ihrer Sprachaufnahme zufrieden sind, speichern sie diese ab.
- Die Kinder könne sich die ganze Präsentation anhören, wenn sie bei *Bildschirmpräsentation – Von Beginn an* drücken (und dann jeweils zur nächsten Folie weiterklicken).
- Danach schreiben sie (z. B. in Partnerarbeit) auf allen Folien jeweils in die Sprechblasen die möglichen Gedanken der Ente und des Todes.
- Abschließend werden die Präsentationen gemeinsam am Smartboard angeschaut und im Unterrichtsgespräch ausgewertet.

2.3 Schöpferisch-kreative Kapazitäten

Nicht nur für den Literaturunterricht lassen sich digitale Medien zur Förderung der Kreativität nutzen. Eigene (mündliche und schriftliche) Texte können vielfältig medial ausgestaltet und veröffentlicht werden. Eine Reihe von Apps erleichtern die Produktion fast aller medialer Formate: Bücher machen, Comics herstellen und animieren, fotografieren, Audioaufnahmen machen, Filme erstellen und in unterschiedlicher Weise nachbearbeiten, Zugänge zu gestalteten Inhalten über einen selbsterstellten QR-Code ermöglichen u.v.m. Hier bieten sich interessante neue Methoden selbsttätigen Lernens im Deutschunterricht.

Eine besondere Chance beim Einsatz digitaler Medien liegt darin, dass sie zur eigenständigen Produktion herausfordern und schnell ansprechende Präsentationsmöglichkeiten anbieten, sodass die Kinder angeregt werden, „in den

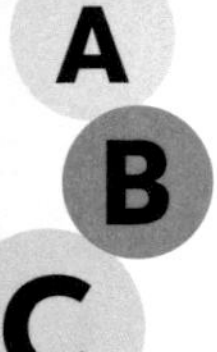

Bereichen des Sprechens und Zuhörens, des Schreibens, des Lesens und Umgehens mit Texten und Medien" (KMK 2005, S. 7) Sprache zu gestalten.

Förderung der Schreibkompetenz durch kreatives Schreiben zu Bildern

Grundsätzliches Ziel im Schreibunterricht aktueller Lehrpläne ist die Förderung der Schreibkompetenz als „die Fähigkeit, komplexe sprachliche Äußerungen bzw. Texte so zu verfassen, dass sie über Raum und Zeit prinzipiell für andere und einen selbst lesbar sind" (Krelle 2013, S. 326f.). Diese umfasst nach Pohl (vgl. Pohl 2014, S. 114f.) im Wesentlichen sieben Teilkompetenzen, von denen einzelne im kreativen Schreiben gut unterstützt werden können. Besonders wenn man für kreative Schreibaufgaben bewusst auf die Erkenntnisse der Schreibprozessforschung rekurriert, kann hier z. B. ein Fokus auf die Planungs-, Formulierungs- und Überarbeitungskompetenz gelegt werden. Im vorliegenden Beispiel wird zudem noch die Textgestaltungskompetenz miteinbezogen.

Plattform	**technische Voraussetzungen**
Apple AppStore	mind. iOS 13.0
Google PlayStore	mind. Android 6.0
Internet	Website von storybird.com

Tab. 2: Technische Voraussetzungen für die App „Storybird"

Technische Voraussetzungen und Materialien
- PC oder Laptop
- Tablet
- Endgeräte für die Kinder: PC oder Tablet

Medieneinsatz:
Mithilfe des kostenlosen, webbasierten Werkzeugs *„Storybird"* verfassen die Kinder, ausgehend von dort angebotenem Bildmaterial, eigene Bilderbücher. Sie planen, formulieren und überarbeiten diese und können sie dann für Nutzerinnen und Nutzer, mit denen sie vernetzt sind (Verwandte, Freundinnen und Freunde, Kinder der Klasse), auf der Online-Plattform zur Verfügung stellen.

Mehrwert/Potenzial für die Förderung von Kreativität und Schreibkompetenz:

- *Umfangreiches, kreativitätsanregendes Bildmaterial:* Die Schülerinnen und Schüler können aus zahlreichen, künstlerisch ansprechenden und sehr unterschiedlichen Sets von Bildern auswählen. Ihre Fantasie wird so in unterschiedliche Richtungen gelenkt. Ein Materialangebot in diesem Umfang ist nicht-digital, z. B. mit Bildkarten, schier nicht leistbar.
- *Individualisierung:* Durch das große, sehr unterschiedliche Bildangebot werden Mädchen und Jungen in ihren medialen und genderspezifischen Vorerfahrungen und Vorlieben angesprochen, sodass diese aktiviert und im Schreibprozess genutzt werden können.
- *Hilfreiche Vorstrukturierung:* Der Nutzer oder die Nutzerin wählt zunächst ein Titelbild. Dann öffnet sich ein dazu passendes, sehr umfangreiches Bilderset, das ideengebend für eine Geschichte und deren Fortgang genutzt werden kann. Die Bilder sind so offen gestaltet, dass viel Freiheit für eigene Ideen bleibt.
- *Differenzierungsmöglichkeiten bei der Textgestaltung:* Zu jedem Bild öffnet das Programm eine Textseite. Wie umfangreich diese beschrieben wird, bleibt dem Autor oder der Autorin überlassen. So können lakonisch-knappe Geschichten, mit einzelnen Ausrufen und kurzen Sätzen oder ausführliche Erzählungen mit langen Passagen von Beschreibungen, Dialogen u. v. m. entstehen.
- *Unterstützung des Schreibprozesses in der Planungsphase:* Es bietet sich an, zunächst nur die Bilder auswählen zu lassen, an deren Reihenfolge zu arbeiten und evtl. zu jedem Bild ein Stichwort zu notieren. Damit entsteht ein Schreibplan, der im zweiten Schritt ausformuliert werden kann.
  Der Mehrwert der digitalen Variante besteht in der Speicherbarkeit und vor allem auch darin, dass alles am Bildschirm strukturiert und geordnet abrufbar ist.
- *Unterstützung des Schreibprozesses in der Formulierungsphase:* Die Bilder bilden einen roten Faden der Geschichte. Bei der Formulierung kann man sich an diesem entlanghangeln. Jedes einzelne Bild dient dabei als Inspiration.
- *Unterstützung des Schreibprozesses in der kooperativen Überarbeitungsphase:* Geschichten können gemeinsam angesehen und in einer Schreibkonferenz besprochen, aber auch von Klassenkamerad/-innen digital rezipiert und mit Kommentaren versehen werden. So kann der Autor bzw. die Autorin Feedback sammeln und einarbeiten.

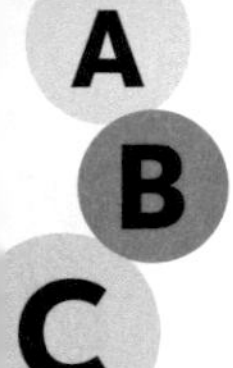

- *Unterstützung des Schreibprozesses in der persönlichen Überarbeitungsphase:* Durch die digitale Form sind schriftliche Korrekturen, Veränderungen in der Reihenfolge der Bilder u. v. m. problemlos und beliebig oft möglich.
- *Ansprechendes Endergebnis:* Unabhängig davon, wie sauber die Handschrift des schreibenden Kindes ist, wie gut es malen oder zeichnen kann, wie oft es den Text überarbeitet hat – das Endergebnis ist immer ansprechend. Damit steht nicht der handwerkliche Aspekt der Niederschrift, sondern die tatsächliche schriftstellerische Tätigkeit im Mittelpunkt der Arbeit.
- *Motivierende Präsentationsmöglichkeiten:* Die fertigen Bilderbücher können dann für die Klasse und Nutzerinnen und Nutzer, mit denen sie vernetzt sind (Verwandte, Freundinnen und Freunde, Kinder der Klasse), auf der Online-Plattform zur Verfügung gestellt werden. Es gibt auch die Möglichkeit, diese in Printform zu bestellen und so ein richtiges Buch in Händen zu halten.

Zum Beispiel „Die Schülerinnen und Schüler verfassen ihr eigenes digitales Bilderbuch mithilfe des Online-Tools „Storybird“:
Frau Müller findet das Online-Tool auf der Website von storybird.com. Es gibt das Angebot nur auf Englisch, was aber in der praktischen Unterrichtsarbeit für die Kinder (nach einer kurzen Einweisung) keine Rolle spielt.
Zur genauen Funktionsweise informiert sie sich mit dem schweizerdeutschen Video „Storybird – Eine Einfuhrung fur Lehrpersonen und SchulerInnen“ [sic!] auf YouTube. Frau Müller arbeitet mit ihrer Klasse in Storybird, wie im Video beschrieben.

2.4 Übung von Unterrichtsinhalten

Mit Lernspielen und Lernsoftware lassen sich viele Lerninhalte, besonders im Bereich der Rechtschreibung und Grammatik sowie des Lesens (*fluency*, Textverständnis), individualisiert und motivierend üben. Die Qualitätsunterschiede der Angebote sind jedoch groß. Die Beurteilung, ob die angebotene Lernsoftware fachdidaktisch korrekt und brauchbar gestaltet ist, bleibt der einzelnen Lehrkraft überlassen.

Gerade im Bereich der Orthografie und Grammatik helfen didaktisch durchdachte digitale Lernprogramme durch ein differenziertes, spielerisch aufbereitetes Übungsangebot, Lerninhalte zu internalisieren.

Übungen zum Lernbereich „Sprachgebrauch und Sprache untersuchen und reflektieren: a) Sprachliche Strukturen in Sätzen untersuchen b) Richtig schreiben – morphologisches Prinzip nutzen"

Die Schülerinnen und Schüler sollen aktuelle Unterrichtsinhalte am Tablet eigenständig üben. Dazu kann entweder die Freiarbeitsphase genutzt werden, oder die Kinder arbeiten zuhause.

Ein Beispiel: Die Lern-App „Anton"
„Anton ist eine von der EU geförderte interaktive Lernapp für Schülerinnen und Schüler der 1.-10. Klasse. Sie enthält grundlegende Übungen zu den jeweiligen Fächern, die sich an den Lehrplänen orientieren und jeweils in Klassenstufen sortiert sind. Derzeit gibt es Themen in Mathematik, Deutsch, Sachunterricht, Musik und DaZ. Die Nutzung der App ist und bleibt kostenfrei. Zukünftig wird es wohl einige Premiumfunktionen gegen Bezahlung geben.
Nach der Anmeldung als Lehrkraft lässt sich eine Klasse einrichten und eine Liste mit Anmeldecodes für die Schülerinnen und Schüler drucken. Zudem können bestimmte Übungen für eine gesamte Klasse jeweils für eine Lernwoche zugeteilt werden, sodass sich die App besonders auch in Kombination mit einem Wochenplan oder unterrichtsbegleitend als Vertiefung eignet. Der Fortschritt der Schülerinnen und Schüler kann von der Lehrkraft eingesehen werden.
Aus Schülerperspektive bietet sicherlich der spielerische Ansatz einen gewissen Anreiz die Übungen auch durchzuführen, da sie für erfolgreich absolvierte

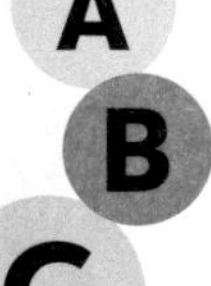

Übungen sogenannte „Coins" erhalten, mit denen sie dann Spielzeit „bezahlen" können. […] Die App strebt zudem hohe Datenschutzstandards an. So lassen sich Klassen bspw. durch pseudonymisierte Nutzernamen nicht-personenbezogen angelegen, sodass auch keine Einwilligung der Erziehungsberechtigten notwendig ist. Da die Schülerinnen und Schüler selbst keine E-Mail oder weitere Daten angeben müssen, ist die App generell sehr datenschutzfreundlich und verarbeitet wirklich nur die Daten, die sie zur Ausübung ihrer Funktionen benötigt. Der Speicherort der Daten ist zudem ausschließlich auf Servern in Deutschland realisiert" (Stenzhorn 2021).

Medieneinsatz:

- Mithilfe der App „Anton" bearbeiten die Kinder Übungen zu den Themen *Satzglieder erkennen* und *Wörter verlängern.*

Mehrwert / Potenzial für die Übung von Unterrichtsinhalten:

- *Umfangreiche Übungsangebot:* Die Lern-App bietet im Fach Deutsch für die Grundschule in großem Umfang Übungsangebote zu den Lernbereichen „Schriftspracherwerb", „Grammatik" und „Rechtschreibung" und eingeschränkt auch zu „Lesen" und „Schreiben".
- *Unkomplizierter Zugang:* Mit wenigen Klicks kommt man hier als Lehrkraft weitgehend aufwandfrei zu soliden Unterrichtsmaterialien.
- *Individualisierungsmöglichkeiten:* Gezielt lassen sich einzelne Inhalte für spezielle Schüler und Schülerinnen heraussuchen, diesen zuordnen und die Aufgabenbearbeitung überprüfen. Falls das Kind bei der Aufgabe Schwierigkeiten hat, sollte man als Lehrkraft allerdings die Aufgabe mit ihm gemeinsam noch einmal durchgehen und inhaltliche Probleme erklären.
- *Guter Überblick:* Die Arbeitsaufträge sind logisch strukturiert und lassen sich am Tablet gut ordnen. Das Kind hat so einen klaren Überblick über seine Aufgaben.
- *Unmittelbare Rückmeldung:* Fehler werden sofort rückgemeldet und lassen sich problemlos korrigieren. So schleift sich Falsches nicht ein.
- *Einfache Handhabung:* Gerade auch Kinder, die sich mit Handschrift und Schreiben schwertun, können sich auf die Inhalte der Übungen konzentrieren.
- *Motivation:* Durch das Belohnungssystem werden auch Kinder, die mit den Inhalten nicht viel anfangen können (was in den Themenbereichen „Grammatik" und „Rechtschreibung" ja durchaus vorkommen soll), extrinsisch motiviert und bleiben so länger bei der Stange.

Zum Beispiel „Die Lern-App Anton“:
Frau Müller findet die Lern-App auf der Website von anton.app. Zur genauen Funktionsweise informiert sie sich auf YouTube mit dem Video „Anton-App als Lehrkraft nutzen: Gruppen erstellen, Aufgaben zuweisen, Konto aktivieren“. Sie stellt zudem fest, dass die App kostenlos ist, aber einzelne Premiumfunktionen für Lehrkräfte kostenpflichtig sind. Sie bemerkt, dass die App keine Werbung enthält.
Frau Müller prüft dann vertieft, ob die Lern-App „Anton“ insgesamt fachlich geeignet ist. Dazu zieht sie eine Checkliste für Lern-Apps (siehe Anhang, S. 96) heran.
Sie informiert sich zunächst über die **Voraussetzungen der App**. So wird als Eingabemodus zu jeder Frage eine Auswahl an Antwortmöglichkeiten (meist zum Anklicken) angeboten – das erhöht die Bearbeitungsgeschwindigkeit, schränkt jedoch die Eigenständigkeit bei der Bearbeitung ein. Fehler blinken rot auf und die Aufgabe wird angeboten, bis sie richtig gelöst ist. Eine Erläuterung der Fehler ist jedoch nicht vorhanden. Gut findet Frau Müller, dass zur Einführung in jeden Aufgabenbereich jeweils eine kurze Erklärung zum Anklicken angeboten wird und es außerdem teilweise direkt bei den Aufgaben „Tipps“ zum Anklicken gibt.
Die angebotenen Themen sind alters- und lehrplangerecht. Allerdings gibt es keine Geschichte(n) zur Einführung, die Kinder beginnen direkt mit den Übungen. Das bietet zwar eine ablenkungsfreie Umgebung für das Lernen, zusammen mit dem schlichten, sachlichen Design ist die App jedoch sehr nüchtern gestaltet.
Dann interessiert sich Frau Müller für **die Nutzungsfreundlichkeit der App**. Grundsätzlich ist diese sehr übersichtlich gegliedert und zeichnet sich durch eine gut geführte, weitgehend intuitive Handhabung aus. Als Hilfe bei Problemen gibt es die Hilfefunktion mit FAQ; auch das Angebot des „ANTON Hilfe-Chats“ für Erwachsene findet Frau Müller ansprechend.
Ein weiterer wichtiger Punkt ist, inwieweit die App die Lernenden **zur Arbeit motivieren** kann. Dabei beachtet Frau Müller besonders die intrinsische Motivation, die vor allem durch die klare Aufgabenstruktur mit unmittelbarer Fehlerrückmeldung gegeben ist, wobei die Aufgabenformate leider eher monoton gestaltet sind. Extrinsisch werden die Spielenden durch eine Sammlung von „Münzen“ bei erfolgreich abgelegten Aufgaben motiviert, die dann eine attraktive Auswahl von Spielen freischalten. Das Ganze ist jedoch nicht in eine Rahmenhandlung eingebettet.

Für Frau Müller ist ein wichtiger Aspekt, inwiefern sie die App zur **Differenzierung und Individualisierung** einsetzen kann. Dabei stellt sie fest, dass zu jedem Themenkomplex mehrere Unteraufgaben in unterschiedlichen Schwierigkeitsgraden gegeben sind, diese sind jedoch nicht gekennzeichnet. Sehr brauchbar scheint ihr, dass die Aufgabenauswahl für einzelne Kinder so unkompliziert möglich ist: Die Schülerinnen und Schüler melden sich an und jedes Kind hat unmittelbar Zugang zu „seinen" Aufgaben, die auf eine Einzelarbeit hin angelegt sind. Auch eine Übersicht über die Leistungen jedes und jeder Lernenden ist für Frau Müller unkompliziert möglich.
Für ihre 4. Klasse wählt sie dann in der App die konkreten Aufgaben aus. Sie entscheidet sich unter „Grammatik – Satzglieder" für die Aufgaben „Satzglieder bestimmen (gemischt)" und unter „Rechtschreibung – Rechtschreibstrategien wiederholen" für „Wörter verlängern". Auch diese Aufgaben sieht sie sich kritisch durch, bevor sie diese ihren Schülerinnen und Schülern anbietet.
Sie schätzt ein, ob diese fachlich richtig und günstig gestellt sind, welchen Anforderungsgrad sie haben und welche Hilfen ihre Schülerinnen und Schüler brauchen, um selbstständig zurechtzukommen.
Bei den gewählten Übungen findet sie gut, dass bei den Satzgliedern das Genitivobjekt komplett ausgespart wird – eine fachlich sinnvolle Entscheidung, da der Genitiv als Objekt kaum noch verwendet wird. Problematisch sieht sie, dass bei „Zusammengesetzte Wörter richtig schreiben" zwar die kombinatorische Auslautverhärtung („Raubtier") gesprochen wird und das Verb („rauben") zugeordnet werden muss, in der Übung aber nicht mehr gesondert auf die Verschriftung verwiesen wird. Insgesamt denkt sie aber, dass die Kinder problemlos allein zurechtkommen werden.

Plattform	technische Voraussetzungen
Apple AppStore	mind. iOS 9.0
Google PlayStore	erforderliche Android-Version variiert je nach Gerät
Internet	Website von Anton.app

Tab. 3: Technische Voraussetzungen für die App „Anton.app"

Technische Voraussetzungen und Materialien
- PC oder Laptop oder
- Smartphone oder Tablet
- Endgeräte für die Kinder: PC oder Tablet

3 Unterrichtsvorschläge für den Deutschunterricht

3.1 Sprechen und Zuhören

3.1.1 Aktives Zuhören trainieren: *Angebote der Mediatheken* wahrnehmen

Abb. 8: „Betthupferl" – die älteste Kindersendung des Bayerischen Rundfunks gibt es auch in der Mediathek.

Zuhören ist ein hochkomplexer, aktiver Vorgang, der in den Bildungsstandards für die Grundschule als verstehendes Zuhören in drei wesentlichen Aspekten benannt wird:

- Inhalte zuhörend verstehen
- gezielt nachfragen
- Verstehen und Nicht-Verstehen zum Ausdruck bringen (vgl. KMK 2005, S. 10)

Wo der Lernfortschritt für Schülerinnen und Schüler in diesem Bereich liegen kann, sieht man bei Betrachtung der Kompetenzstufen dazu sehr genau:

- Kompetenzstufe 1: prominente Einzelinformationen erinnern und wiedererkennen

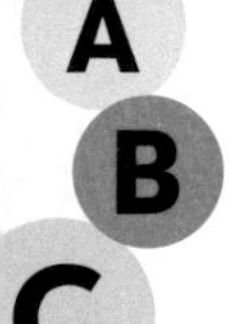

- Kompetenzstufe 2: benachbarte Informationen miteinander verknüpfen und weniger prominente Einzelinformationen reproduzieren
- Kompetenzstufe 3: verstreute Informationen miteinander verknüpfen und den Text ansatzweise als ganzen erfassen
- Kompetenzstufe 4: anspruchsvolle Erinnerungsleistungen und Details im Kontext verstehen
- Kompetenzstufe 5: auf der Ebene des Textes wesentliche Zusammenhänge erkennen und auf zentrale Aspekte des Textes bezogene Aussagen selbstständig begründen (vgl. KMK 2013)

Hintergrund: Darum geht es

Alle aktuellen Lehrpläne für die Grundschule fordern eine gezielte Verbesserung der Zuhörkompetenz. Wie in allen Bereichen der Mündlichkeit ist auch in diesem Kompetenzbereich zum Schuleintritt eine große Heterogenität zu verzeichnen. Bis zum Ende der Grundschulzeit sollte dann als Regelstandard die Kompetenzstufe 3 (siehe oben) erreicht werden (vgl. KMK 2013).

Welche Aspekte sind zu beachten, um die Zuhörfähigkeit zu verbessern? – Zunächst muss sichergestellt sein, dass die Lautwahrnehmung funktionieren kann: Ist die Tonquelle angemessen laut, klar verständlich, gibt es Störgeräusche? Ist die hörende Person körperlich in der Lage, das Gesprochene zu verstehen? Diese muss dann motiviert sein, sich auf bestimmte akustische Signale zu fokussieren und sie semantisch entschlüsseln können, also z. B. über den nötigen Wortschatz verfügen. Außerdem muss sie erkennen, welcher Art die Zuhöraufgabe ist: „Geht es darum, einen Text als Text auf sich wirken zu lassen, z. B. Reim und Rhythmus in einem Gedicht, Information herauszuhören […], Mitteilungsabsichten zu identifizieren […], Emotionen zu erkennen" (IMHOFF 2010, S. 17) usw. Dazu trägt auch die Prosodie (Tonfall, Partikel, Sprechgeschwindigkeit usw.) bei, die ebenfalls entschlüsselt werden muss. Im persönlichen Gespräch spielen zusätzlich nonverbale Aspekte, wie Mimik und Gestik, eine Rolle. Gleichzeitig wird Imaginationsvermögen verlangt: Die zuhörende Person stellt sich das Gesprochene bildlich vor und fügt es in ihr Vorwissen ein, zieht vielleicht auch gleich weiterreichende Schlüsse oder formuliert Fragen im Kopf vor, muss sich dabei aber zunächst mit eigenen Gesprächsbeiträgen zurückhalten. All das erfordert Konzentration und Energie – es ist also auch der didaktische Ort im Tagesablauf (z. B. nach einer konzentrationsfördernden Bewegungseinheit, nach einer Ess- oder Trinkpause) zu bedenken.

Achtung
Zuhörförderung kümmert sich um die physikalischen, physischen und psychischen Voraussetzungen, die Hören, Hinhören und aktives Zuhören ermöglichen.

Radiobeiträge in der Mediathek

Was ist eine Mediathek?
Zunächst bezog sich der Begriff auf das Nonprint-Angebot von Bibliotheken, als diese ab ca. Mitte der 1970er Jahre begannen, neben Büchern auch Videokassetten, Langspielplatten bzw. CDs, Brett- und Computerspiele zu offerieren. Mittlerweile wird er vor allem im Zusammenhang mit Internetportalen verwendet, die einen breiten Bestand an Medienangeboten zum Durchsuchen und direkten Rezipieren bereithalten.

Im Alltag begegnet einem der Begriff „Mediathek" häufig im Zusammenhang mit den großen Rundfunkanstalten, die ihre Fernsehsendungen, Podcasts, Radiobeiträge usw. online zur Verfügung stellen. So kann man auf das qualitativ sehr solide Angebot der öffentlich-rechtlichen Sender jederzeit (bzw. innerhalb eines gewissen, der Ausstrahlung angepassten Zeitrahmens) zugreifen, das zum Teil auch für schulische Zwecke sehr gut geeignet ist.
Ein gutes Beispiel für die Zuhörförderung ist die Radiosendung „Betthupferl". Seit 1953 bietet der Bayerische Rundfunkt das „Betthupferl" als Gute-Nacht-Geschichte von vier bis fünf Minuten Länge für Kinder an. Aktuell kann man diese montags bis samstags um 18:53 Uhr auf Bayern 2 und täglich um 19:55 Uhr auf BR Heimat und in der Mediathek hören und dort auch herunterladen.

Technische Voraussetzungen und Materialien
- Computer oder Laptop mit Internetzugang oder
- Smartphone oder Tablet mit Internetzugang oder
- iPhone oder iPad mit Internetzugang
- Endgeräte für die Kinder: siehe oben und ggf. Kopfhörer

Plattform	Technische Voraussetzungen
Apple AppStore	GetPodcast – Podcast Player; mind. iOS 12.0
Google PlayStore	Podcast App; mind. Android 5.0
Internet	Website von br.de unter den Stichworten Kinder → hören → Betthupferl

Tab. 4: Technische Voraussetzungen für Podcast-Apps

Die Minigeschichten sind ideal für die Zuhörförderung: Sie werden von professionellen Sprecherinnen und Sprechern, wie Rufus Beck oder Sunnyi Melles, gekonnt vorgetragen und sind, zum Teil von namhaften Kinderbuchautorinnen und -autoren, wie Paul Maar oder dem Gründer von *Doctor Döblingers geschmackvollem Kasperltheater*, Josef Parzefall, so konzipiert, dass sie in einfacher Struktur und mit verständlichem Wortschatz Grundschulkinder ansprechen, erheitern, faszinieren …

Ein großer Vorteil dieses digitalen Angebots ist die Vielzahl an Geschichten, aus denen man als Lehrkraft die Kinder unbesorgt ob des Inhalts oder Anforderungsniveaus, je nach Interesse und den eigenen Vorlieben wählen lassen kann. Dadurch ist sowohl ein Klassenunterricht möglich, in dem alle gemeinsam dieselbe Geschichte anhören, als auch eine Individualisierung, bei der die Kinder ihre persönliche Lieblingsgeschichte auswählen.

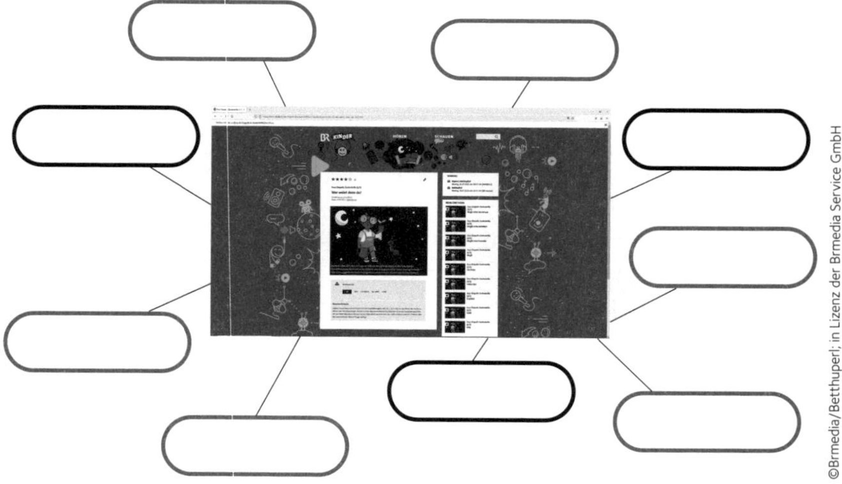

Abb. 9: Planung des Hörerlebnisses mit Mindmap zum Aufmacherbild des „Betthupferls"

Unterricht: So kann es gehen

In Anlehnung an Barbara Häckls Konzept zu Zuhörstrategien in verschiedenen Gesprächsphasen (vgl. Häckl 2021, S. 9f.) lässt sich das Vorgehen gut strukturieren. Die Vorgehensweise sollte zunächst gemeinsam am Smartboard erprobt und beispielhaft z. B. am aktuellen Betthupferl ausprobiert werden. Dann können die Kinder individuell jeweils eine Geschichte aussuchen, sie anhören, einen Fragebogen dazu erstellen und an einen Klassenkameraden bzw. eine Klassenkameradin weitergeben.

Die Phase der Vorbereitung

Bereits in der Planungsphase des Hörerlebnisses können sich die Zuhörenden überlegen, was sie zu der nun folgenden Geschichte schon an Vorwissen mitbringen und dies in einer Mindmap rund um das Betthupferl sammeln (siehe Abbildung). Dazu ruft jedes Kind die Startseite des Betthupferls auf der Website vom br.de auf und lässt sich von Titel und Bild zur Geschichte inspirieren. In der Einführungsphase ist es sinnvoll, wenn die Lehrkraft für die Kinder ein Arbeitsblatt mit dem Bild zur gemeinsam gehörten Geschichte und einem Schema der Mindmap austeilt. Diese können dann nach der *Think-Pair-Share*-Vorgehensweise ihre Erwartungshaltungen zunächst persönlich aktivieren und formulieren, dann mit dem Partner / der Partnerin abgleichen und schließlich am Smartboard über die Dokumentenkamera präsentieren und im Plenum besprechen. Später, bei der individuellen Erarbeitung, reichen persönliche Aufzeichnungen auf einem Notizblock.

Die Phase des Geschichtenhörens

Alles Ablenkende wird vor dem Hören aufgeräumt, damit sich die Kinder auf die Hörgeschichte besser konzentrieren können. Manchen Kindern hilft es beim Zuhören zu kritzeln oder sich kleine Skizzen oder Notizen zu machen. Ein leeres Blatt Papier und ein Stift liegen ggf. bereit. Hilfreich ist auch die Strategie des inneren Fragenstellens.

Diese trägt dazu bei, die eigenen Gefühle und Gedanken während des Zuhörens bewusst wahrzunehmen. Dabei stellt sich jedes einzelne Kind still selbst Fragen, wie z. B. „Was genau habe ich verstanden?“, „Wie fühle ich mich aufgrund der Äußerung?“, „Wie stelle ich mir die Person / Szene gerade vor?“. Das kann im Vorfeld geübt und mit Hilfe von Piktogrammen für alle an der Tafel oder vom Kind selbst auf dem Arbeitsplatz aktiviert werden.

Die Geschichte wird nun entweder über Lautsprecher im Plenum oder individuell mit dem eigenen Gerät und Kopfhörern (bzw. zuhause) gehört.

Die Phase der Reflexion
In einer letzten Phase im Zuhörprozess wird auf die beiden anderen Phasen zurückgeblickt und das Zuhören reflektiert.
Strategien hierfür sind etwa eine mündliche Zusammenfassung der gehörten Geschichte: Diese bietet den Zuhörenden die Möglichkeit, das eigene Verständnis darzulegen und mit den anderen mögliche Verständnisprobleme, wie unbekannte Wörter o.ä., abzuklären. Die Schülerinnen und Schüler können auch Fragen zum Inhalt der Geschichte stellen und beantworten. Dies gelingt besonders gut, wenn in der Klasse unterschiedliche Geschichten gehört werden. Die Kinder entwickeln jeweils einen Fragebogen (ein Quiz) zu der Geschichte (ggf. kann die Lehrkraft hier ein Arbeitsblatt mit Frage-Antwort-Spalten vorbereiten) und fordern dann ein anderes Kind auf, die Geschichte seinerseits anzuhören und die Fragen zu beantworten.

Gute weiterführende Aufgaben
Für Schülerinnen und Schüler aus Bayern bietet der Bayerische Rundfunk noch ein besonders attraktives Angebot:

„Unsere Mundart-Betthupferl"
Von oberbayerisch bis unterfränkisch […] aus jedem der sieben bayerischen Regierungsbezirke! Mundart-Betthupferl werden von Menschen geschrieben und gesprochen, die in ihrer Mundart wirklich zu Hause sind. Die Mundarten haben alle ihren eigenen Sound, ihre eigenen Wörter und vor allem: so viele tolle Redewendungen!" (BR 2021)
Geübte Betthupferl-Zuhörende können hier ihre Sprachbewussheit trainieren und auf Spurensuche im eigenen oder fremden Dialekt gehen.

3.1.2 Situationsangemessenes Sprechen erproben: *Podcasts selbst machen*

Im Mittelpunkt des folgenden Kapitels steht der Schwerpunkt „zu anderen sprechen" des Kompetenzbereichs „Sprechen und Zuhören", bei dem in den Bildungsstandards folgende zentrale Aspekte benannt werden:

- An der gesprochenen Standardsprache orientiert und artikuliert sprechen

- Wirkungen der Redeweise kennen und beachten
- Funktionsangemessen sprechen: erzählen, informieren, argumentieren, appellieren
- Sprechbeiträge und Gespräche situationsangemessen planen (vgl. KMK 2005, S. 9f)
- Die Kinder kennen gesprochene Standardsprache vor allem aus dem Radio und Fernsehen. Hörbeiträge, die dort repräsentiert sind, lassen sich online über Podcasts abrufen. Auf der Basis dieser Erfahrungen mit Standardsprache ist es für die Kinder nachvollziehbar, dass auch sie sich bei selbst erstellten Beiträgen, die veröffentlicht werden sollen, dieses Sprachniveaus bedienen.

Was ist ein Podcast?
Der Begriff setzt sich aus den beiden Wörtern „Pod“ (von „iPod“, dem Audioplayer von Apple, Abkürzung von „playable on demand“) und „broadcast“ (engl. *Sendung, Rundfunk*) zusammen. Ein Podcast ist eine Serie von Medienbeiträgen. Ein Podcast kann abonniert und auch offline gehört werden.

Hintergrund: Darum geht es

Die Idee hinter einem Podcast ist es, Öffentlichkeit für Gesprächsbeiträge zu schaffen. Damit stellen sich bestimmte Anforderungen an die Sprechsituation:

- Um allgemein verstanden zu werden, sind die Orientierung an der Standardsprache und eine klare Artikulation sinnvoll.
- Um Aufmerksamkeit und Interesse zu wecken, ist es sinnvoll, die Inhalte genau zu planen und über deren Funktion, wie Unterhaltung, Information, usw., nachzudenken.
- Um Erfolg mit dem eigenen Podcast zu haben, ist es unverzichtbar, darauf zu achten, wie das Gesprochene auf die Zuhörenden wirkt: Die Kinder vergleichen in der Reflexion ihre Aufnahmen und evaluieren die Wirkweisen.

Der Vorteil bei der eigenen Aufnahme von Podcasts ist, dass die Beiträge kurz und prägnant sein können und man sie beliebig oft korrigieren kann. Durch das Speichermedium bekommt das Kind zudem Distanz zum eigenen Sprechbeitrag und kann ihn, evtl. gemeinsam mit anderen (vergleichbar mit der Schreibkonferenz), nach verschiedenen Kriterien überarbeiten.

Podcasts produzieren

Podcasts kann man auf sehr unterschiedlichen Niveaus produzieren, wie die beiden folgenden Beispiele zeigen sollen:

Die eigene Sendung im Internet, professionell überarbeitet und abonnierbar mit Hilfe der Open-Source-Software Audacity

Brigitte Hagedorn beschreibt in ihrem Buch „Audiobearbeitung mit Audacity für Kids“ wie man die kostenlose Software auf dem Computer installiert, wie die Aufnahme von Hörbeiträgen in verschiedenen Audioformaten (von MP3 bis WAV) und deren Bearbeitung gelingt, wie man einen Podcast inhaltlich aufbaut, produziert und entweder auf der eigenen Homepage oder bei einem Hostingservice veröffentlicht. Zielgruppe für das Buch sind primär Kinder ab 12 Jahren. Es handelt sich aber auch um eine einfache Einführung für Erwachsene (vgl. Hagedorn 2015). Wer – z. B. im Rahmen eines größeren Projekts – tiefer in die Materie einsteigen möchte, ist mit dieser Einführung gut beraten. Grundschulkinder bewältigen die technischen Anforderungen ohne erwachsene Hilfe allerdings noch nicht.

Ein kurzer, von Grundschulkindern selbst erstellbarer Hörbeitrag

Die schlichteste Form technischer Erstellung sind kurze Hörbeiträge, aufgenommen mit dem Smartphone oder Tablet. Diese lassen sich direkt in der Aufnahme-App kürzen.

Technische Voraussetzungen und Materialien
- Sprachaufnahme-App auf Smartphone oder Tablet
- Ggf. MP3-Cutter-App
- Endgeräte für die Kinder: Smartphone oder Tablet mit o. g. Apps

Ergänzend kann man eine App wählen, die sich etwa „MP3 schneiden“ oder „MP3 Cut“ nennt. Mit dieser kann man auch mehrere Kurzdateien zusammenfügen. Die Dateien lassen sich per E-Mail oder Messenger (z. B. WhatsApp) verschicken, in einem Ordner zusammenfassen und ggf. in der Messenger-Klassengruppe oder auf der Schulhomepage veröffentlichen.

Unterricht: So kann es gehen

Schritt 1: Das Thema

Wenn in der Klasse ein Podcast mit mehreren Beiträgen entstehen soll, ist es sinnvoll, sich auf ein Oberthema zu einigen. Elena Euser schlägt etwa Audiotagebücher vor, die in kurzen Episoden über das bemerkenswerteste Ereignis der letzten Woche in der Schule (vgl. Euser 2015, S. 181) berichten.

Schritt 2: Vom Thema zum Konzept

Im Folgenden entwickeln die Kinder gemeinsam ein Gesamtkonzept, das folgende Überlegungen enthält:

- Titel des Podcast
- Länge der einzelnen Episoden
- Aufbau mit
  - Intro (z. B. selbst erstellte Klänge oder Musik, etwa mit Orff-Instrumenten),
  - Beginn (Die sprechende Person beginnt mit ihrem Vornamen und einem kurzen Stichwort zum Inhalt der Episode),
  - einem erzählwürdigen Ereignis im Mittelpunkt und
  - Outro (Abschiedsformel, Wiederholung der Intro-Musik oder spezielle Outro-Klänge)
- Ideensammlung für die ersten Episoden

Schritt 3: Aufnahme von Einzelfolgen

Die Kinder arbeiten allein oder in Kleingruppen zusammen. Sie überlegen sich den Inhalt der Einzelfolge und notieren sich Schlüsselwörter. Sie sprechen den Text ein. Je nachdem, ob die Folge als eine Aufnahme erfolgt oder zusammengefügt wird, integrieren sie bei der Aufnahme Intro und Outro oder fügen in einem zweiten Schritt beides an.

Schritt 4: Überarbeitung

Die Kinder hören sich die Aufnahme an. Sie prüfen, ob die Sprache klar artikuliert und gut verständlich ist, ob der Aufbau dem Besprochenen entspricht, ob der Inhalt prägnant vermittelt wird usw. Als Hilfe dazu kann die Lehrkraft in einer separaten Unterrichtseinheit zusammen mit der Klasse einen Kriterienkatalog erstellen. Gegebenenfalls nehmen sie einzelne Teile neu auf. Wenn sie zufrieden sind, geben sie die Episode zur Veröffentlichung frei.

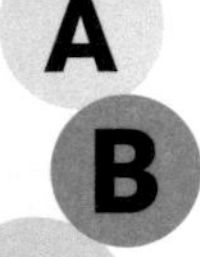

Schritt 5: Veröffentlichung

Die Hörbeiträge werden als E-Mail-Anhang oder per Messengerdienst verschickt. Die Lehrkraft sammelt und strukturiert sie. Dann können sie in der Messenger-Klassengruppe intern veröffentlicht oder auf die Schulhomepage gestellt werden. Falls Letzteres beabsichtigt ist, müssen noch rechtliche Aspekte beachtet werden: Die Eltern der sprechenden Kinder sollten der Veröffentlichung zustimmen. Bei verwendeter Musik müssen die Urheberrechte beachtet werden (am besten, man erfindet selbst neue Klangfolgen), auch bei den erzählten Inhalten sollte darauf geachtet werden, dass keine Persönlichkeitsrechte verletzt werden.

3.2 Lesen

3.2.1 Phonologische Bewusstheit schulen: Lern-Apps spielen am Beispiel *Meister Cody Namagi*

Phonologische Bewusstheit gilt als zentrale Vorläuferfähigkeit für das Lesen- und Schreibenlernen. Sie bezieht sich „auf die Fähigkeit von Kindern, die Lautstruktur der gesprochenen Sprache zu erfassen, beispielsweise Sätze in Wörter, Silben oder Laute zu zerlegen. Dabei wird unterschieden zwischen der phonologischen Bewusstheit im weiteren Sinne, der ‚Wahrnehmung der gröberen sprachlichen Einheiten wie Wörter im Satz und Silben in Wörtern, des Klangs der Wörter beim Reimen usw.' sowie im engeren Sinne als ‚Fähigkeit, Laute in Wörtern und Silben zu erkennen und zu unterscheiden'" (VALTIN 2010, S. 2). In der Fachdiskussion belegt Renate Valtin, dass es hinreichend ist, die Fähigkeit zur Phonemanalyse als Bestandteil von Erstleselehrgängen zu trainieren (vgl. VALTIN 2010, S. 2).

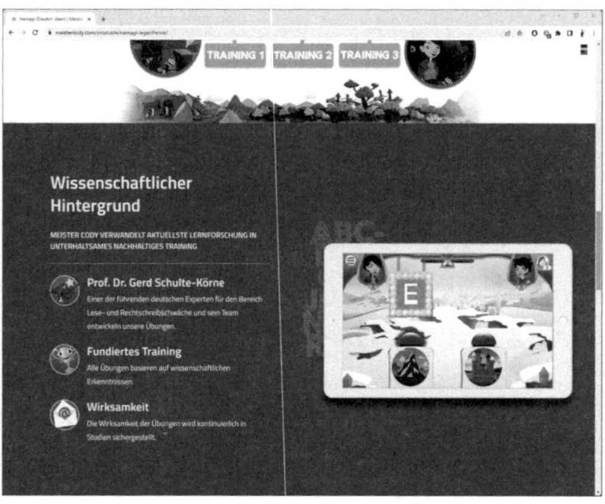

https://www.meistercody.com/ Website Meister Cody Namagi

Abb. 10: Meister Cody Namagi – Laute erkennen und zuordnen

Hintergrund: Darum geht es

„Beim Erlernen einer lautbezogenen Schrift wie der deutschen muss nun die Aufmerksamkeit auf die phonologischen Eigenschaften der Sprache gelenkt werden. Um das ökonomische Prinzip der alphabetischen Schrift nutzen zu können, müssen die Kinder im lautlichen Bereich lernen, auf zwei Segmente verschiedener Größe zu achten, bzw. mit ihnen umzugehen: Mit Silben und Phonemen (‚Lauten'). [...] Während die meisten Kinder die Gliederung von vorgesprochenen Wörtern in Silben schon zu Schulbeginn recht gut meistern, ist das Heraushören von Phonemen („Laute") der gesprochenen Sprache für alle eine Herausforderung. Dies liegt daran, dass Phoneme abstrakte, ‚künstliche' Einheiten sind, die so in der gesprochenen Sprache gar nicht vorkommen: /r/-/o/-/t/ ist qualitativ etwas anderes als /rot/" (Scheerer-Neumann/Ritter 2006, S. 1).
Manche Kinder, denen später eine Lese-Rechtschreibstörung attestiert wird, haben in diesem Bereich besondere Schwierigkeiten und bedürfen einer differenzierten Förderung.

Meister Cody Namagi

Die Lern-App „Meister Cody Namagi" bietet fünf Module für den Deutschunterricht der Grundschule, das erste mit dem Schwerpunkt, die phonologische Bewusstheit zu fördern. Das Trainingsprogramm wurde von Prof. Dr. Gerd Schulte-Körne am Klinikum für Kinder- und Jugendpsychiatrie, Psychosomatik und Psychotherapie der Universität München entwickelt und wird u. a. vom Arbeitskreis Legasthenie Bayern e.V. empfohlen.

Plattform	Technische Voraussetzungen
Apple AppStore	mind. iOS 10.0
Google PlayStore	mind. Android 4.4
FireOS (Kindle)	über die Website von Amazon.de

Tab. 5: Technische Voraussetzungen für die App „Meister Cody Namagi"

Technische Voraussetzungen und Materialien
- PC, Smartphone oder Tablet
- Endgeräte für die Kinder: PC, Smartphone oder Tablet

Die fachlich fundiert strukturierten Übungen sind in ein Setting eingebaut, das wie ein Computerspiel anmutet. Das Grundszenario ist eine Fantasy-Fortsetzungsgeschichte um Meister Cody im Land Talasia. Innerhalb dieser Geschichte sind einzelne Aufgaben zu bestehen.
Der Schwierigkeitslevel der Übungen passt sich individuell der Leistung des Kindes an, d.h. je höher diese ist, umso schwieriger werden die Aufgaben. Das Besondere an der App sind die E-Mails, die über die Übungen, den Anforderungslevel und die Anzahl der gelösten Aufgaben berichten. Diese gehen (z.B.) an die elterliche Mail-Adresse und können zusätzlich an eine zweite E-Mail-Adresse (der Lehrkraft) versandt werden. Außerdem werden eine Telefonhotline und eine Online-Hilfe angeboten. Die App ist allerdings nicht kostenlos, sondern muss wöchentlich, monatlich oder (halb-)jährlich gebucht werden.

Unterricht: So kann es gehen

Die App ist besonders geeignet, differenzierend einzelne Kinder zu unterstützen, die bei der Lautwahrnehmung Schwierigkeiten haben. Dies kann bereits im Anfangsunterricht auffallen, aber auch in höheren Jahrgangsstufen wird es hier bei einzelnen Kindern noch dringenden Bedarf geben. Die Konzeption der App ist geschlechterübergreifend für Grundschulkinder jeden Alters ansprechend.
Es gibt die Möglichkeit, eine Schullizenz zu erwerben und die App über die Schule anzubieten, aber es kann durchaus ausreichend sein, das Lernangebot gezielt betroffenen Familien zu empfehlen und (via E-Mail) die Lernerfolge zu begleiten.
Im Bereich der Lautwahrnehmung werden folgende Übungen angeboten:

Modul I: Phonologische Fertigkeiten		
Fertigkeiten	**Aufgabenname**	**Anzahl der Schwierigkeitsstufen**
Silben zählen	• Eisspiegel • Kristallkugel	• 3 • 3
Laute erkennen	• Hafen	• 3
Laute zuordnen	• Koffer	• 3
Laute auslassen	• Beduinenlager	• 3
Lautanalyse	• Felsenhüter I	• 2
Lautsynthese	• Felsenhüter II	• 2
Vokallängenunterscheidung	• Lotusteich I • Lotusteich II	• 1 • 1

Tab. 6: Modul I: Phonologische Fertigkeiten (Huemer/Moll/Schulte-Körne 2018, S. 252)

Das Trainingsprogramm kann als additive Hausaufgabe durchgeführt werden. Es werden drei Übungstage pro Woche angesetzt mit je drei Übungen pro Trainingstag.
Jede Übungseinheit dauert sieben Minuten, die gesamte Einheit inklusive der Geschichte ist mit 30 Minuten veranschlagt. Als Belohnung werden Münzen für richtige Lösungen erspielt, die im Spiel beim Bau eines Gartens oder von talasischen Gebäuden angelegt werden können. Alle fünf Tage gibt es zudem eine Belohnungskarte, die in einem Sammelalbum aufbewahrt werden kann.

Aufbau der Trainingseinheiten:

- Teil 1: Abenteuergeschichte
- Teil 2: Wissenschaftliches Training und Spielen (Übung 1+2+3)
- Teil 3: Motivation: Abenteuergeschichte mit Cliffhanger
- Teil 4: Belohnung: Palastgarten und Sammelalbum

Gute weiterführende Aufgaben

Die folgenden beiden Übungsmodule setzen die Arbeit an den Basisfertigkeiten des Lesens fort:

- *Modul II Buchstabe-Laut-Beziehung:* Die Kinder üben das Herstellen einer Beziehung zwischen Graphemen und Phonemen. Schwerpunkte der einzelnen Aufgaben sind dabei die Arbeit an der Genauigkeit und Geschwindigkeit, an Wort-Buchstabe-Zuordnung und Buchstabe-Wort-Zuordnung.
- *Modul III Lesefertigkeiten:* Es geht um Basales, wie Silben zu lesen und zu ordnen, Wörter möglichst genau und schnell zu entziffern und häufig wiederkehrende Wortteile automatisiert wiederzuerkennen.

3.2.2 Textverständnis vertiefen: Mit *QR-Codes* erklären

Lesen ist immer ein Zusammenspiel von Bottom-up-Prozessen, die von der Entschlüsselung der graphischen Zeichen ausgehen und Top-down-Prozessen, die wissensgesteuert Vorhersagen über den Text erzeugen und das Textverständnis stark beeinflussen. Die Entschlüsselung der grafischen Zeichen unterstützt man besonders mit Lautleseübungen, die die *fluency*, die Leseflüssigkeit, erhöhen (vgl. Kap. 3.2.3). Für die Top-down-Prozesse wendet man Lesestrategien an, die vor, während und nach dem Lesen eingesetzt, das Textverständnis vertiefen können.

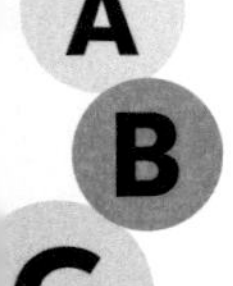

Hintergrund: Darum geht es

Ausgangspunkte für Top-down-Prozesse sind allgemeines Weltwissen, Situationseinschätzungen, persönliche Erfahrungen, aber auch Wissen über Sprachstrukturen und der individuelle Wortschatz. Kinder aus Elternhäusern, die nicht der typischen Mittelschicht entstammen, deren Horizont von Autorinnen und Autoren sowie Lehrkräften häufig unbewusst als Welterfahrung zugrunde gelegt wird, assoziieren oft andersartige Erfahrungen mit uns selbstverständlichen Begrifflichkeiten, die das Textverständnis erschweren. Die Anwendung von Lesestrategien kann diese Kinder besonders unterstützen.

- Lesestrategien *vor* dem Lesen sollen hier grundsätzlichen Missverständnissen vorbeugen und den Text in einen Wissenskontext einbetten, der ein situationsgerechtes Einordnen der Textinhalte erlaubt.
- Während der Textlektüre soll ein passendes mentales Modell des Textes bei der lesenden Person entstehen. In der Entwicklung zum eigenständigen Textverständnis ist eine zentrale Kompetenz, selbst zu erkennen, wo Verständnisschwierigkeiten auftauchen, etwa weil man die Bedeutung eines Schlüsselbegriffs nicht kennt, falsch identifiziert oder (zum Teil infolgedessen) den Textzusammenhang, den roten Faden, verloren hat. Lesestrategien *während* des Lesens helfen bei der Selbstvergewisserung und liefern notwendige zusätzliche Informationen.
- Nach Abschluss der Textlektüre folgt eine Phase der Überprüfung und Bewertung durch den Schüler bzw. die Schülerin: Habe ich alles verstanden? Ergibt der Text für mich als Ganzes einen Sinn? Lesestrategien *nach* dem Lesen regen zur weiterführenden Auseinandersetzung mit dem Text an.
- Insgesamt ist es Ziel, dass die Kinder die Lesestrategien kennen und anzuwenden lernen, um sie dann selbstständig nach ihrem eigenen Bedarf einzusetzen.

QR-Codes

„QR ist das Kürzel für ‚Quick Response', also ‚schnelle Antwort'. Damit ist gemeint, dass man komplexe Informationen so verkürzt darstellt, dass sie schnell und unkompliziert wieder abgerufen werden können. […] Datengrundlage für die Darstellung sind verschlüsselte Zeichensätze im binären System, bei dem Buchstaben, Zahlen oder Zeichen als Einser und Nuller, bzw. als schwarz und weiß dargestellt werden. […] Mit QR-Codes können Nutzer auf

diese Weise zu verschiedenen Inhalten geführt werden: Texte [...], URLs / Webadressen, Bilder, Audiodateien (z. B. im Rahmen eines Audio-Guides), Videodateien, bzw. ein Link dazu [...]". (HESSLER (o. J.)) QR-Codes können mit einem QR-Code-Generator problemlos am PC erzeugt werden und dann z. B. auf Arbeitsblättern ausgedruckt werden. Sie werden dann mit dem Handy oder Tablet gescannt und über den QR-Code-Scanner entschlüsselt, sodass die hinterlegten Inhalte sichtbar sind. Diese (also etwa ein Text oder Link) sind allerdings nicht mehr änderbar und bleiben ohne zeitliche Begrenzung bestehen.

Technische Voraussetzungen und Materialien

- PC, Smartphone oder Tablet mit Internetzugang
- QR-Code-Generator
- Drucker
- Endgeräte für die Kinder: Smartphone oder Tablet mit QR-Code-Scanner zum Entschlüsseln der QR-Codes

Plattform	Technische Voraussetzungen
Apple AppStore	QR Code Maker, iOS 8.0
Google PlayStore	QR Code Monkey, mind. Android 7.0
Internet	z. B. qrcode-monkey.com

Tab. 7: Technische Voraussetzungen für die Erstellung von QR-Codes

Unterricht: So kann es gehen

Mithilfe von QR-Codes stellt die Lehrkraft den Schülerinnen und Schülern Informationen zur Verfügung, die diese nach Bedarf scannen und lesen können, z. B.:

- **Vor** dem Lesen (oberhalb der Überschrift): einen Link zu einer Webseite, die in das Thema einführt
- **Während** des Lesens: Schwierige Wörter (im Lesetext fett markiert) werden in einem kurzen Text kindgerecht erklärt
- **Nach** dem Lesen: Weiterführendes, das zu Diskussionen und Anschlusskommunikation über den Text einlädt

Gute weiterführende Aufgaben

Da es Ziel der Lesestrategie-Arbeit ist, dass die Kinder selbstständig mit den Strategien umgehen, bietet es sich an, die zusätzlichen Informationen von den Lernenden selbst recherchieren zu lassen (z. B. über eine Kindersuchmaschine und Worterklärungen im Internet). Die QR-Codes sind ganz unkompliziert zu erstellen, sodass bereits ab der 2. Klasse nach einer kurzen Einführung hier selbstständig gearbeitet werden kann.

Ein Jahr ist zu Ende

Ein Jahr ist zu Ende.
Nun gebt euch die Hände
und sagt: Alles Gute, Gesundheit und Glück!
Beschließt in Gedanken,
euch nicht mehr zu **zanken**,
und denkt an die **Sünden** vom Vorjahr zurück!

http://www.zdf.de/kinder/purplus/eric-zuendet-riesen-boeller-102.html

Bleibt nett und verträglich,
und drückt euch nicht täglich
vorm Waschen und Lernen auf **listige** Art!
Tut's auch nicht **verdrießlich**!
Es bleibt euch ja schließlich,
ob schneller, ob langsamer, doch nicht **erspart**!

Ein Jahr will beginnen.
Im **Glockenturm** drinnen
erschrecken die Tauben vom Bimm und vom Bumm.
Seid nicht wie die Tauben!
Ihr müsst an euch glauben.
Stapft fröhlich ins Neujahr
und dreht euch nicht um!

Krüss, J. (2013). Der wohltemperierte Leierkasten. cbj Verlag München, S. 126

Abb. 11: Arbeitsblatt mit Lesetext und QR-Codes

3.2.3 An der Leseflüssigkeit arbeiten: Mit dem *Hörstift* lesen

Wenn Kinder im Verlauf der 2. und 3. Klasse immer noch auffällig unsicher und stockend lesen, brauchen sie eine spezifische Förderung der Leseflüssigkeit (*fluency*), um die Rückstände zu ihren Mitschüler/-innen aufzuholen (vgl. ROSEBROCK/NIX/RIECKMANN/GOLD 2011, S. 12). Zur gezielten Förderung der Leseflüssigkeit sind vor allem Lautleseverfahren geeignet.

Hintergrund: Darum geht es

Rosebrock unterscheidet zwischen zwei Grundformen des Lautlesens, dem wiederholten Lautlesen (*repeated reading*) und dem begleitenden Lautlesen in Lesetandems (*assisted* oder *paired reading*). Ersteres funktioniert nach dem Prinzip der Wiederholung: Das Kind übt den Text so lange und oft zu lesen, bis es ihn sicher und flüssig vortragen kann: Bei dem zweiten Verfahren geht es darum, von der Beobachtung und Nachahmung eines Lesevorbildes zu profitieren: „Der kompetentere Leser fungiert dabei als Lesemodell, der dem schwächeren Leser demonstriert, [...] welche Betonung für welche Satzteile sinnvoll eingesetzt werden sollte" (ROSEBROCK/NIX/RIECKMANN/GOLD 2011, S. 29). Das hier vorliegende Konzept ist ein Mischmodell und orientiert sich an „Lesen durch Hören", dem sogenannten Lüneburger Modell von Steffen Gailberger (2011). Es zählt zu den „Mitleseverfahren" (*reading while listening*) (vgl. GAILBERGER 2011). Die Schülerinnen und Schüler hören einen professionell vorgelesenen Text, während sie den Printtext vor sich haben und dort mitlesen, indem sie den Finger (hier am Beispiel BOOKii-Hörstift) mitführen. Dabei fungiert der Sprecher bzw. die Sprecherin des Hörbeispiels als Lesemodell, das angemessene Betonung und Tempo demonstriert. Zudem erfassen die Mit-Leser/-innen gleich von Anfang an Gesamtzusammenhang und Sinn des Textes. In einem zweiten Schritt lesen die Schülerinnen und Schüler die jeweiligen Texte selbst (halb-)laut vor.

Der digitale Hörstift BOOKii

BOOKii (seit 2018) ist der Nachfolger des Hörstifts TING des Tessloff Verlags. Er funktioniert in Kombination mit den dazugehörigen Büchern, die über nahezu unsichtbare Codes Audioinhalte präsentieren.
Er gehört damit zu den digitalen Lese- und Hörstiften, die einen interaktiven Zugang zu speziell präparierten Büchern ermöglichen. Der elektronische Stift

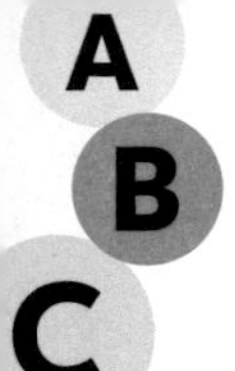

wird über einen USB-Anschluss aufgeladen und verfügt über einen optischen Sensor, der, nachdem dessen Inhalte (einmal) über das Internet heruntergeladen wurden, mit dem Buch interagiert. Lautsprecher (bzw. Kopfhörer/Buchse) ermöglichen es dann, Büchern beim Antippen bestimmter Stellen hörbare Geschichten oder Informationen zu entlocken.
Zum Buchangebot zu BOOKii gehören etliche grundschulrelevante Sachbücher der Reihe „WAS IST WAS Junior", die inhaltlich teilweise mit Themen des Sachunterrichts kompatibel sind und in ihrer Aufmachung besonders die Leseinteressen von Jungen ansprechen.

Was ist beim Antippen der Buchinhalte mit der Stiftspitze zu hören?

- Die Buchtexte werden vorgelesen.
- Personen, die auf der Bilderbuchseite zu sehen sind, beginnen zu sprechen.
- Geräusche, wie Vogelstimmen, Feuerwehrsirenen, Baufahrzeuge usw. zu jeweils passenden Bildern, ertönen.
- Musik wird abgespielt.

Was kann noch durch Antippen aufgerufen werden?

- Auf jeder Doppelseite wird ein Spiel offeriert.
- Es gibt vereinzelt Linktipps zu Websites mit Extrainformationen, falls man den Stift via Bluetooth mit einem Laptop, Tablet oder Smartphone verbindet.

Was bietet der Stift darüber hinaus?

- Er besitzt eine Aufnahmefunktion. Diese kann über mitgelieferte Sticker aktiviert werden.
- Die Sticker können in weiteren Büchern, an Texten und auch an beliebigen Gegenständen angebracht werden, die bei Stiftbenutzung dann das Aufgenommene wiedergeben.
- Er besitzt einen Anschluss für Kopfhörer mit 3,5-mm-Klinkenstecker.
- Er ist bluetoothfähig.

Vorbereitet wird der Stift, indem man ihn per beiliegendem Verbindungskabel – per USB – mit einem Rechner oder – per USB-C oder Micro-USB – mit einem Mobilgerät verbindet. Die Audiodateien für die Bücher müssen dann

(einmalig) per automatischem Download auf dem BOOKii-Hörstift abgespeichert werden. Dafür ist ein Internetzugang notwendig. Die Verbindung stellt der BOOKii Dateimanager her, der auf dem Hörstift bereits installiert ist und startet, wenn man den Hörstift mit dem Computer verbindet. Außerdem muss der fest verbaute Lithium-Ionen-Akku (per USB) laut Hersteller spätestens nach sechs Stunden neu geladen werden. Das dauert etwa 60 Minuten.
Zudem gibt es eine BOOKii App, die das Abspielen von Videos und Weblinks auf dem Smartphone und Tablet über Bluetooth ermöglicht. Günstig ist, dass über diese nur mit BOOKii verknüpfte Inhalte abgespielt werden können, sodass man die Kinder hier beruhigt alleine arbeiten lassen kann.

Technische Voraussetzungen und Materialien

- PC, Tablet oder Smartphone
- Endgeräte für die Kinder:
  - BOOKii-Hörstift
  - Evtl. Kopfhörer
  - BOOKii-fähige Bücher (siehe dazu Website von bookii.de unter dem Stichwort „Produkte")

Plattform	Technische Voraussetzungen
Apple AppStore	mind. iOS 8.0
Google PlayStore	Android 7.0 Nougat
PC oder iMac	mind. WINDOWS 8.1 MacOS X (ab 10.12)

Tab. 8: Technische Voraussetzungen für den BOOKii-Hörstift (+ Nutzung der BOOKii-App)

Unterricht: So kann es gehen

Der BOOKii-Hörstift kann besonders gut in freien Arbeitsphasen eingesetzt werden. Entweder wird ein (zum Sachthema passendes) Buch von der Lehrkraft empfohlen oder es werden in einer Lerntheke mehrere Bücher bereitgestellt, sodass jedes Kind interessengeleitet lesen kann. Individuell wird eine Textmenge (z. B. eine Doppelseite) vereinbart, die das Kind am Ende der Lerneinheit flüssig lesen kann.

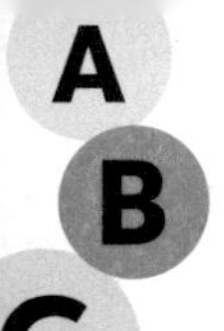

Abb. 12: WAS IST WAS junior BOOKii „Im Einsatz mit der Feuerwehr", Copyright ©2020 TESSLOFF VERLAG, Nürnberg. (Braun/Kaiser/Lickleder M. 2020)

Dazu nimmt es sich die Textabschnitte einzeln vor und erliest sie systematisch, Abschnitt für Abschnitt:

- *Schritt 1:* das Buch anschauen (Überblick gewinnen)
- *Schritt 2:* Textabschnitt 1 anhören mit dem BOOKii-Hörstift (evtl. mit Kopfhörern)
- *Schritt 3:* Textabschnitt 1 (halb-)laut vorlesen
- *Schritt 4:* das Lesemodell noch einmal mit dem BOOKii-Hörstift anhören
- *Schritt 5:* vorlesen, bis sich das Kind sicher ist, den Text flüssig lesen zu können
- weitere Textabschnitte wie in Schritt 1 bis 5 beschrieben üben
- *Schritt 6:* flüssiger Lesevortrag, entweder vor anderen Kindern oder der Lehrkraft oder Aufnahme des Lesevortrags mit der Aufnahmefunktion des BOOKii-Hörstifts
- *Schritt 7:* Würdigung der Arbeitsleistung

Gute weiterführende Aufgaben

Durch die Möglichkeit, Gesprochenes aufzunehmen und über die BOOKii-Sticker beliebig zuzuordnen, können eigenen BOOKii-Bücher erstellt werden. So können die Kinder etwa ihre mit der App „Storybird" verfassten Bilderbücher (siehe dazu auch Kapitel 2.3.) gedruckt bestellen und um Hörbeiträge erweitern.

3.3 Mit Texten und Medien umgehen

3.3.1 Leselust wecken: *Bilderbuch-Apps* genießen

Shutterstock.com/shapovalphoto

Abb. 13: Rezeption einer Bilderbuch-App

Deutschunterricht umfasst nicht nur das Lesenlernen als Technik (wie es sich im Begriff der Lesekompetenz zentral widerspiegelt), sondern auch das literarische Lernen: „‚Literatur' und ‚Lernen' – das sind zwei Begriffe, die einander nicht so ohne Weiteres gewogen sind. Der eine assoziiert Fantasie, Spannung, Vergnügen, der andere Nützlichkeit, Überprüfbarkeit und Mühe. Wie kommen die beiden zusammen? Der Begriff des literarischen Lernens gründet in der Auffassung, dass es Lernprozesse gibt, die sich speziell auf die Beschäftigung mit literarischen, das heißt hier: fiktionalen, poetischen Texten beziehen" (Spinner 2006, S. 6).

> Literarisches Lernen bezieht sich auf Literatur – in welcher medialen Form auch immer. Es kann daher unabhängig von der Lese(-kompetenz-)förderung stattfinden.

Um dieses literarische Lernen anzubahnen, müssen zunächst Lust, Freude und Glück an literarischen Texten erlebt werden – es geht darum, Genuss an

literarästhetisch Anspruchsvollem empfinden zu können. Diesem Anspruch kann bereits im Bilderbuch stattgegeben werden, das hier die ideale Einstiegsliteratur ist – gleichgültig, in welcher medialen Form sie vorliegt: ob als klassisches gedrucktes Bilderbuch oder in einer Bilderbuch-App.

Hintergrund: Darum geht es

Grundlage für literarisches Lernen sind literarisch gehobene Texte, die der Augenhöhe von Grundschulkindern entsprechen.
Die Bilderbuch-App „Im Garten der Pusteblumen" basiert auf der gleichnamigen Printausgabe (Blanco/Docampo 2013) aus dem Mixtvision-Verlag.
Das Mädchen Anna, eine Schneiderin, lebt in einer Welt, in der „perfekte Maschinen" den Bewohnerinnen und Bewohnern des Windmühlentals das scheinbar perfekte Leben bieten, sodass alle Wünsche und Träume – und auch der Wind – verschwinden. Aber Anna hegt tief im Herzen doch einen Wunsch, nämlich etwas Besonderes zu nähen. Sie trifft auf den riesigen Vogelmann, der auch einen Wunsch hat: Er möchte fliegen. Im Pusteblumengarten setzen die beiden mit dem aktiven Wünschen und Pusten der kleinen Flugschirmchen der Pusteblumen etwas in Gang: Der Wind weht wieder und Anna entdeckt sogenannte Windhaare, die ihr helfen, einen Fluganzug für den Vogelmann zu nähen. Dann beginnen die Windmühlen sich zu drehen, und die Menschen erinnern sich plötzlich an ihre Wünsche und Träume.

Bilderbuch App: Im Garten der Pusteblumen

Die Geschichte „Im Garten der Pusteblumen" wird in der App von einer warmen Frauenstimme im Märchenton vorgetragen. Die kunstvollen Bilderbuchszenen sind in pastellfarbenen Erdtönen gehalten und der Blick der betrachtenden Person wird bewusst langsam und bedacht über die Bilder gelenkt.
Nach jedem einzelnen Kapitel wird ein mit beruhigender Musik unterlegtes, fast schon meditatives Spiel angeboten, bei dem man in Gestalt einer Pusteblume auf ihrer Reise durch das Tal der Windmühlen weitere Pusteblumen sammelt.

Plattform	Technische Voraussetzungen
Apple AppStore	mind. iOS 9.0
Google PlayStore	mind. Android 4.1
Internet	Webseite von pusteblume-app.de

Tab. 9: Technische Voraussetzungen der Bilderbuch-App „Im Garten der Pusteblumen"

Technische Voraussetzungen und Materialien
- Smartphone oder Tablet
- Endgeräte für die Kinder: Tablet (Smartphone möglich, zum Genießen der Bilder aber weniger günstig)

Unterricht: So kann es gehen

Da die Rezeption der Bilderbuch-App unabhängig vom Lesekönnen ist, empfiehlt es sich, dass die Kinder zunächst selbstständig auf Entdeckungsreise gehen: Sie können die einzelnen Szenen, z. B. in der Freiarbeit, immer wieder ansehen und anhören und durch das Spiel, das hier nicht vom Inhalt ablenkt, zurück zum Text geführt werden, wenn die Konzentration nachlässt.
Ausgehend von dieser individuellen Erstbegegnung, ist es sinnvoll, nach dem Ich-Du-Wir-Prinzip anzuregen, dass sich jedes Kind mit einem Partner oder einer Partnerin über die jeweiligen Rezeptionserfahrungen verständigt – im Mittelpunkt steht hier der geteilte Genuss an der Geschichte.

Die Lehrkraft kann zusätzlich mit weiterführenden Leitfragen unterstützen, z. B.

- ▶ Wie sieht das „perfekte" Leben der Menschen aus, das die Maschinen herstellen?
- ▶ Erzähle die Geschichte von Anna. – Warum entwickelt sie wohl einen Wunsch?
- ▶ Erzähle die Geschichte vom Vogelmann. – Warum entwickelt er einen Wunsch?
- ▶ Die Windmühlen drehen sich wieder: Welche Wünsche würden bei dir geweckt werden?
- ▶ Was ist der „Wert" des Wünschens?

Im Anschluss treffen sich die Zweier-Teams entweder in Kleingruppen oder im Plenum und sprechen über ihre Literaturerfahrung mit der Bilderbuch-App und können auch weiterführenden Gedanken austauschen, wie in den Leitfragen angeregt.

Gute weiterführende Aufgaben

Eine weitere empfehlenswerte, literarisch anspruchsvolle Bilderbuch-App ist „Die große Wörterfabrik" von Agnès de Lestrade, erschienen 2013 ebenfalls bei Mixtvision.

3.3.2 Romanwelten imaginieren: Fiktionale Welten bauen am Beispiel *Minecraft*

Ein zentraler Aspekt literarischen Lernens ist nach Kaspar H. Spinner, beim Lesen und Hören Vorstellungen zu entwickeln (vgl. Spinner 2006, S. 8). Nach dem Ansatz des handlungs- und produktionsorientierten Literaturunterrichts gelingt dies – vor allem auch in der Grundschule – mittels Grundformen „aktiv-produktiven Tuns" (Haas et al. 1994, S. 18), das auch digitale Gestaltungen – z. B. innerhalb des Open-World-Spiels „Minecraft" – umfassen kann. Als literarisches Beispiel soll hier ein Klassiker der Kinderliteratur, die Erzählung „Mio, mein Mio" von Astrid Lindgren (1954), herangezogen werden.

Hintergrund: Darum geht es

„Literarische Texte halten zur Vorstellungsbildung an. [...] Die imaginative Vergegenwärtigung sinnlicher Wahrnehmungen ist ein grundlegender Aspekt (literar-)ästhetischer Erfahrung. In den Bildungsstandards für das 4. Schuljahr findet er sich in der Formulierung ‚lebendige Vorstellungen beim Lesen und Hören literarischer Texte entwickeln' wieder. Das soll, wenn es um das literarische Lernen geht, nicht ein beliebiges Fantasieren sein, sondern ein ‚Entfalten' (Köppert 1997) dessen, was im Text angelegt ist, und einem vertieften Verstehen dienen" (Spinner 2006, S. 8). Methodisch lässt sich hier der handlungsorientierte Aspekt des handlungs- und produktionsorientierten Literaturunterrichts heranziehen, der das bildlich-illustrative, musikalische, darstellende und spielende Reagieren auf Texte (vgl. Haas et al. 1994, S. 18) in den Mittelpunkt stellt: Die Schülerinnen und Schüler bauen die literarische Welt, in enger Anbindung an den Text, nach und können sie sich dadurch ganz genau vorstellen.

Die bauliche Umsetzung der Handlungsorte gelingt in dem Computerspiel *Minecraft*, indem die spielende Person viele Dinge aus Blöcken bauen kann, die dann zu komplexen Bauwerken zusammengefügt werden können. So entsteht eine dreidimensionale (räumlich wirkende) Welt.

Minecraft, z. B. Education Edition

Minecraft ist eines der meistverkauften Videospiele weltweit auf allen verfügbaren Plattformen. Als Open-World-Spiel verfügt es über kein direktes Spielziel, man taucht in der Minecraft-Welt auf und kann dort in viele Richtungen aktiv werden: Verglichen wird es oft mit einem digitalen Lego-Spiel.

Technische Voraussetzungen und Materialien
- PC oder Tablet
- Version von Minecraft
- Drucker
- Endgeräte für die Kinder: PC oder Tablet

Plattform	Technische Voraussetzungen
Apple AppStore	mind. iOS 10.0
Google PlayStore	mind. Android 5.0 PC / Windows 10

Tab. 10: Technische Voraussetzungen der App „Minecraft" (Demo-Version)

Viele Grundschulkinder der 3. und 4. Jahrgangsstufe spielen bereits Minecraft am häuslichen PC und bewegen sich darin souverän. Etliche Schulen haben sich für die Education Edition von Minecraft entschieden, die Lektionen aus den unterschiedlichsten Wissensgebieten, wie Mathematik, bildende Kunst, Geschichte und Computerwissenschaften, zur Verfügung stellt. Die Education Edition kann nur von öffentlichen Bildungseinrichtungen erworben werden. Für die Benutzung ist ein kostenloser „Office 365 Education"-Account nötig.
Für ein einmaliges Literaturprojekt genügt aber auch die zeitlich limitierte, kostenlose Demo-Version. Diese gibt es für Windows 10, Android, aber auch für die PlayStation 3 und 4, wobei die Demodauer vom genutzten Service abhängt.

Tipp!
Die kostenlose Testversion von Minecraft ist im Microsoft® Store über einen kleinen Button zu finden, der sich oberhalb des Buttons zum kostenpflichtigen Kauf verbirgt.

Zur allerersten Einführung ist das vierminütige YouTube-Video **Minecraft – Für Eltern erklärt** gut geeignet. Wer als Lehrer/-in tiefer einsteigen möchte, kann dies über die Webseite von education.minecraft.net tun.

Unterricht: So kann es gehen

Das Ziel der Unterrichtseinheit ist es, dass sich die Kinder über eine bildhafte Darstellung von Inhalten der Erzählung „Mio, mein Mio" von Astrid Lindgren

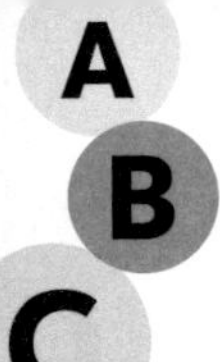

(empfohlen ab 8 Jahren) mit den Mitteln, die das Spiel „Minecraft" zur Verfügung stellt, eine plastische Vorstellung von der Welt des Mio machen können. Denn die Geschichte fordert die Imagination der Kinder heraus: In märchenhaftem Stil wird von Bo Vilhelm Olsson erzählt, einem Jungen, der aus einer lieblosen Welt und unfreundlichen Pflegeeltern von einem Flaschengeist zu seinem Vater geführt wird, der ihn gesucht hat und dessen Zuneigung er ersehnt hat. Doch die Idylle im „Land der Ferne", in dem sein Vater König ist, wird bedroht durch den grausamen Ritter Kato. Der Protagonist, der in diesem fernen Land Zuneigung und Freundschaft erlebt, muss sich nun bewähren: Gemeinsam mit dem besten Freund Jum-Jum tritt er dem Feind entgegen und besiegt ihn. Die Prüfung findet in der Burg des Ritter Kato im Land „Außerhalb" statt, deren Bedrohlichkeit wiederholt eindringlich geschildert wird. Unmittelbar bevor Mio die Burg betritt und die finale Auseinandersetzung eingeleitet wird (vgl. LINDGREN 1995, S. 127) bietet es sich an, die Lektüre zu unterbrechen und die Kinder anzuregen, sich die Szene vorzustellen.

Anschließend folgt dann die Aufgabenstellung: Gestalte die Burg des grausamen Ritter Kato in Minecraft nach!
Dazu müssen die Schülerinnen und Schüler zunächst die Welt von Minecraft betreten. Sinnvollerweise wird man Teams bilden, bei denen mindestens ein Kind schon Erfahrungen in Minecraft gesammelt hat. Wenn die Kinder das Spiel beginnen, „spawnen" sie im Morgengrauen in einer zufällig generierten Umgebung (d.h. sie tauchen dort auf). Dort müssen sie zunächst Basismaterialien sammeln und Produkte herstellen, die sie für den Bau der Burg benötigen. Damit können sie dann Ritter Katos Burg, inklusive Verlies und Hungerturm, gestalten.
Wie auf Abbildung 14 zu sehen, können hier markante Bauwerke entstehen: Mithilfe der Bauwerkzeuge, die in der Hotbar (der Leiste ganz unten) anklickbar sind, im Bild Spitzhacken und Axt, wurden Bruchsteinklötze zu einer wuchtigen, düsteren dreistöckigen Burganlage aufgetürmt, die mit Fackeln beleuchtet ist. Durch die abweisende Steinwand, die den Betrachtenden direkt vor Augen steht, kann das Gefühl von übermächtiger Bedrohlichkeit, wie es Mio angesichts der Burg des grausem Ritter Kato befällt, unmittelbar nachvollzogen werden.
Für die Präsentation des Ergebnisses fertigen die Kinder Screenshots mit mehreren Innen- und Außenansichten an.

Abb. 14: Die Burg des grausamen Ritter Kato, nachgebaut in Minecraft

Gute weiterführende Aufgaben

Die Darstellung der Burg regt die Fantasie an und involviert die Kinder tiefer in die Erzählung. Es bietet sich eine weitere handlungs- und produktionsorientierte Aufgabe an, das Weiterschreiben der Geschichte. Beides, Screenshots und Texte, können dann in einer illustrierten Dichterlesung zusammengeführt werden.

3.3.3 Literarische Figuren kennenlernen: *Stop-Motion-Filme* aufnehmen

Die Perspektiven literarischer Figuren nachzuvollziehen ist ein weiterer Aspekt literarischen Lernens nach Spinner: „In den Bildungsstandards wird die Perspektivenübernahme beim Lesen schon für das 4. Schuljahr ausdrücklich genannt, und zwar mit der Formulierung ‚bei der Beschäftigung mit literarischen Texten Sensibilität und Verständnis für Gedanken und Gefühle und zwischenmenschliche Beziehungen zeigen'" (SPINNER 2006, S. 9). Diese Perspektivenübernahme wird besonders mit handlungs- und produktionsorientierten Methoden gefördert, die einen einfühlenden Rollenwechsel initiieren, wie szenische Darstellungen in personam oder im (Trick-)Film. Technisch ist letzterer mit der *Stop-Motion-Technik* unkompliziert umzusetzen. Als literarisches Beispiel werden hier die tierischen Protagonist/-innen aus der Adventsgeschichte „Schnauze, es ist Weihnachten!" (ANGERMAYER 2013) in den Blick genommen.

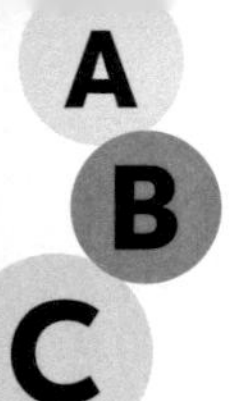

Abb. 15: Hund Bruno und Katze Soja begegnen sich

Der Perspektivwechsel muss allerdings erst gelernt werden: Bis ins zweite Lebensjahr werden Gegenstände und Personen als Teil des Selbst wahrgenommen. Erst danach beginnen Kinder zunehmend ein Selbstkonzept auszubilden, das zunächst eher äußerliche, später dann psychologische und soziale Merkmale fokussiert. „Diese Selbst-Erfahrung führt auch zu einer veränderten genaueren Wahrnehmung des anderen. Der andere wird immer mehr als eine Person mit ihrer eigenen Gefühlswelt, ihrer eigenen Lebensgeschichte erkannt" (Friedlmeier/Trommsdorff 1992, S. 144). Literarisches Lernen kann diesen Prozess, der zentralen Einfluss auf die sozio-emotionale Entwicklung nimmt, günstig beeinflussen.

Die Entwicklung der Empathiefähigkeit kann durch handlungs- und produktionsorientierte Methoden des literarischen Lernens gefördert werden.

„Über Figuren wird in literarischen Texten nicht nur informiert, vielmehr gibt der Text Anweisungen, sie sich vorzustellen. Wiederum geht es in der Rezeption um das Wechselspiel zwischen subjektiver Involviertheit und genauer Textwahrnehmung, [...] zugleich heißt literarisches Verstehen, dass man in der Logik des Textes denkt und auch die Fremdheit von Figuren wahrnimmt. Die Alteritätserfahrung, also die Irritation durch die Andersartigkeit, kann wiederum zu gesteigerter Selbstreflexion führen." (Spinner 2006, S. 9)

Stop-Motion-Trickfilme

Die Stop-Motion-Technik funktioniert im Prinzip wie ein Daumenkino: Einzelbilder werden in Serie gezeigt und verschmelzen so zu einem Ganzen. Als Urheber gilt Eadweard Muybridge, dem es 1872 gelang, mit Hilfe mehrerer Kameras ein Pferd im Galopp als Reihenfotografie aufzunehmen.
Für die Filmarbeit in der Schule sind Smartphone oder Tablet geeignet. Das Gerät sollte fest auf einem Stativ stehen, sodass die Bilder nicht verwackeln. Die Einzelbilder werden nacheinander aufgenommen und von einer Stop-Motion-App automatisch zu einer Filmdatei zusammengefügt.

Technische Voraussetzungen und Materialien

- Smartboard oder PC/Beamer für die Präsentation
- Arbeitsmaterial für die Kinder:
  - Smartphone oder Tablet zur Aufnahme
  - Stativ
  - Stofftiere Hund und Katze
  - Requisiten für die Aufnahmen
  - PC oder Tablet zum Nachbearbeiten

Plattform	App
Apple AppStore	Stop Motion Studio
Google PlayStore	Stop Motion Maker
PC	Windows Movie Maker

Tab. 11: Apps für Stop-Motion-Technik

Unterricht: So kann es gehen

„Schnauze, es ist Weihnachten!" (Angermayer 2013) ist eine Adventsgeschichte in 24 Kapiteln. Die Einzelgeschichten umfassen immer eine Doppelseite, die am Rand verschlossen ist und an einer Perforierung erst vorsichtig geöffnet werden muss. Die Episoden handeln von Hund Bruno, der bisher eigentlich ganz gelassen und zufrieden bei seiner Familie lebte, und der Katze Soja, die bis Weihnachten zu Gast ist und Bruno gründlich aufstöbert. Bruno und Soja erzählen dabei ihre gemeinsame Geschichte voller lustiger Alltagsturbulenzen und der spannenden Frage: Ist das Christkind nun ein Hund oder eine Katze?

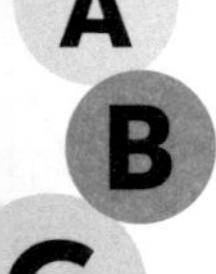

Das Buch eignet sich gut für eine 2. oder 3. Jahrgangsstufe als Adventbegleitung: Es ist lustig, greift viele Aspekte der Vorweihnachtszeit auf und geht mit religiösen Gesichtspunkten respektvoll um. Dass manches, was Menschen so tun, dabei auf Hund und Katze merkwürdig wirkt, kann zu vertieften Gesprächen Anlass geben -- muss aber nicht.
Der Perspektivwechsel ist schon im Grundkonzept angelegt, da die Geschichte zum einen eine komplette Veränderung der Sichtweise durch die Haustierperspektive generiert und zum anderen jeweils abwechselnd aus der Sicht von Bruno und von Soja berichtet wird, die die Dinge teilweise komplett unterschiedlich wahrnehmen.
Für die filmische Darstellung eignet sich bereits das zweite Kapitel: Soja hat sich, quasi als Adventskalender, ein Fitness- und Fellpflegeprogramm für Bruno ausgedacht: „Jeden Tag muss er eine kleine Übung machen und an Weihnachten ist er dann der schönste und fitteste Hund der Welt!" (Angermayer 2013, S. 10) Bruno aber will Schokolade und stellt sich beim Yoga wirklich dämlich an …
Die Filmaufnahmen lassen sich am einfachsten mit zwei einigermaßen beweglichen Stofftieren machen. Möglich ist es auch, dass die Lehrkraft die Tiere vorab aus Pfeifenputzern gestaltet (Anleitungen dafür sind im Internet zu finden) und den Kindern zur Verfügung stellt.

Vorgehensweise:

- *Schritt 1 – Episode vom 2. Dezember kennenlernen:* Die Lehrkraft liest die Geschichte im Morgenkreis vor, die Kinder erzählen sie evtl. nach.
- *Schritt 2 – Kulisse und Protagonisten vorbereiten:* Entweder ein Wohnzimmer mit Puppenmöbeln vor einem Stück Stoff und zwei Stofftiere oder einen als Wohnzimmer bemalten Schuhkarton und zwei Tiere aus Pfeifenputzern herrichten
- *Schritt 3 – Szene erarbeiten:* Text der Episode lesen und die einzelnen Bilder unterstreichen und ggf. am Rand notieren (z. B. Bruno schläft; Soja gräbt sich mit den Vorderpfoten durch das Fell unter seinem Rücken)
- *Schritt 4 – Storyboard erstellen:* Eine Reihe aufeinanderfolgender Skizzen anfertigen, die die Geschichte wiedergeben
- *Schritt 5 – Episode mit den Tieren nachstellen:* Die Einzelbewegungen in der Gruppe durchsprechen und erproben
- *Schritt 6 – Film aufnehmen:* Einzelbilder fotografieren und von der App zu einem Stop-Motion-Film zusammenfügen lassen

- *Schritt 7 – Gemeinsames Betrachten der Filme:* Würdigen der Ergebnisse; literarische Anschlusskommunikation

Alternative: Die Legetechnik
„Es gibt verschiedene Techniken, Videos zu erstellen. Die Lege-Technik ist eine häufig genutzte Darstellungsform, die sich gut für einen Einstieg in die Videoproduktion und das Erstellen von [...] Clips eignet. Bei der Lege-Technik trägt ein Sprecher [...] vor, während zeitgleich ausgeschnittene grafische Elemente wie Bilder, Symbole, Pfeile, Figuren etc. mittels Holzstäbchen oder per Hand auf einen Hintergrund gelegt bzw. verschoben werden. Dabei wird senkrecht von oben gefilmt." (HELL 2020, S. 31)

Gute weiterführende Aufgaben
Die beiden Tiere in der Kulisse können im Klassenzimmer verbleiben und entweder für weitere Filmaufnahmen genutzt werden oder von den Kindern im freien Spiel, das evtl. ihre tierische Weihnachtsgeschichte weiterentwickelt, verwendet werden.

3.4 Schreiben

3.4.1 Sachtexte schreiben: Eigene Beiträge erstellen am Beispiel *ZUM-Projektwiki*

In den KMK-Bildungsstandards werden verschiedene Schreibsituationen genannt, die – so die anzustrebende Kompetenz – „verständlich, strukturiert, adressaten- und funktionsgerecht" (KMK 2005, S. 11) gelöst werden sollen. Im Bereich der Sachtexte differenziert der bayerische Lehrplan PLUS für die 3. und 4. Jahrgangsstufe hier „eigene informierende berichtende Texte [und] eigene informierende, beschreibende Texte" (BAY. STAATSMINISTERIUM 2014, S. 128). Letztere entsprechen besonders den Anforderungen, die an die Texte eines *Wikis* gestellt werden.

Hintergrund: Darum geht es
„Informierendes Beschreiben" impliziert einen gut strukturieren, sachlichen Text, der die Interessen der anvisierten Leser und Leserinnen genau in den Blick nimmt. Das ist eine Herausforderung für Grundschulkinder: „Aufgaben

des Beschreibens dürfen in der Grundschule nicht zu komplex sein, wenn sie von den Schülern sachangemessen gelöst werden sollen. Denn dafür genügt ja nicht, Beobachtungen und Wahrnehmungen einfach zu benennen, diese müssen vielmehr geordnet und in ein sprachliches Nacheinander gebracht werden; und die ist ‚im Ansatz' ungleich schwieriger ‚als die Darstellung eines Erlebnisses'" (OSTERMANN 1973, 139). Um das Beschreiben üben zu können sind Situationen zu schaffen, in denen den Schülerinnen und Schülern die Funktion von Beschreibungen einleuchtet und in denen sie erfahren können, dass diese ebenso von Sachgegebenheiten wie von den Interessen der Adressat/-innen – soweit feststellbar – abhängen (vgl. PAYRHUBER 2016, S. 92). Das gelingt sehr gut, wenn man an einem Wiki mitarbeitet, das sich an die Öffentlichkeit wendet und tatsächlich genutzt wird.

Der Begriff „Wiki" stammt aus dem Hawaiianischen und bedeutet „schnell" – damit ist auch schon das Konzept beschrieben: Es geht darum, unmittelbar Erfahrung und Wissen einer Gemeinschaft zu sammeln und festzuhalten. Dies gelingt, indem alle Benutzenden die Möglichkeit haben, die Inhalte der Website nicht nur zu lesen, sondern auch direkt im Webbrowser zu bearbeiten und zu ändern. So entstehen gemeinschaftlich Texte, die ggf. durch Fotos oder andere Medien ergänzt werden können.

Diese Vorgehensweise entspricht besonders den didaktischen Überlegungen, die im Rahmen der Schreibprozessforschung entwickelt wurden: Schreibaufgaben sollen dabei von gegenseitigem Kommentieren – und auch Selbstbewerten – als permanent mitlaufende Operation, begleitet werden. Im (von einem / einer kompetenten Schreibberater/-in begleiteten) gemeinschaftlichen Austausch liegt die große Chance eines Wissenszuwachses, der in Überarbeitungsprozessen zu einem schlussendlich gelungenen Ergebnis führt.

ZUM-Projektwiki

Das ZUM-Projektwiki ist das Nachfolgewiki des ZUM-Grundschulwikis, das Ende 2021 eingestellt wurde. Es ist wesentlich komplexer aufgebaut, sodass eine technische Begleitung durch die Lehrkraft bei der Arbeit mit Grundschulkindern unabdingbar ist, enthält aber Funktionen, etwa die Erstellung von „Lernpfaden", die sehr gut mit der Arbeit im Klassenverband korrespondieren. Für Erwachsene sind die Seiten sehr übersichtlich und verständlich aufgebaut und erklärt. Auch technisch wenig versierte Lehrkräfte kommen hier gut zurecht.

Technische Voraussetzungen und Materialien
- Computer mit Internetzugang
- Evtl. Recherchematerial
- Endgeräte für die Kinder: PC oder Tablet

Plattform	Technische Voraussetzung
Internet	Webseite von ZUM Projektwiki

Tab. 12: Technische Voraussetzungen für das ZUM-Projektwiki

Die Texte der Kinder können problemlos am Computer (z. B. in Microsoft® Word) verfasst und dann von der Lehrkraft in das Wiki kopiert werden. Als Schreibaufgabe eignet sich ein fächerübergreifendes Thema, das die eigene Heimatgemeinde vorstellt: Es liegt im unmittelbaren Erfahrungsbereich der Kinder, die Gegenstände, wie Sehenswürdigkeiten, besondere Orte (für Kinder), Häuser mit Hausgeschichte(n) usw., lassen sich eigenständig recherchieren, beschreiben, mit eigenen (gemalten oder fotografierten) Bildern illustrieren und es ist zu erwarten, dass im Internet (je nach Bekanntheitsgrad des Ortes) nicht allzu viel darüber zu erfahren ist.

Unterricht: So kann es gehen

Schreibaufgabe: Wir stellen unsere Heimatstadt als Wiki-Beitrag auf dem ZUM-Projektwiki vor.

- ▶ *Schritt 1:* Die Lehrkraft meldet sich mit einer kurzen, formlosen E-Mail bei projektwiki@zum.de an. Gewünscht werden folgende Angaben: Name der Schule oder Institution, eine kurze Beschreibung der Inhalte, die Angabe des gewünschten Anmeldenamens sowie Angabe der Vorerfahrungen bei der Arbeit mit Wikis.
- ▶ *Schritt 2:* Sie informiert sich auf der Homepage von projekte.zum.de über die technische Vorgehensweise und die Hinweise zum Urheberrecht.
- ▶ *Schritt 3:* Sie lässt sich Administrationsrechte zuweisen, indem sie einen Antrag für ein Schulprojekt im Projektwiki ausgefüllt, unterschrieben und eingescannt an projektwiki@zum.de sendet.
- ▶ *Schritt 4:* Die Kinder informieren sich im Rahmen des Sachunterrichts über ihr Heimatdorf oder ihre/-n Heimatstadt/-teil und deren / dessen Besonderheiten.

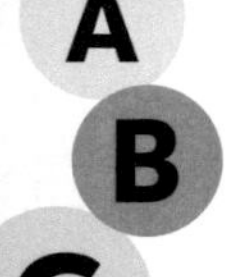

- *Schritt 5:* Sie orientieren sich an Textmustern zu bereits vorhandenen Wikis zu dem Thema (wie z. B. zum Thema „Frankfurt am Main", über die Suchfunktion auffindbar).
- *Schritt 6:* In der Klassengemeinschaft planen die Kinder unter Anleitung der Lehrkraft einen informierenden, beschreibenden Text: Sie erstellen dazu eine Mindmap mit Oberpunkten, die im Wiki als Überschriften dienen sollen.
- *Schritt 7:* In Kleingruppen sammeln die Kinder arbeitsteilig Stichpunkte zu je einem Oberpunkt.
- *Schritt 8:* Jedes Mitglied der Kleingruppe erstellt einen Textentwurf (ca. drei bis fünf Sätze) zum gemeinsamen Oberpunkt. Diese werden in der Gruppe diskutiert und zu einem einzigen Text zusammengefügt.
- *Schritt 9:* Die Texte werden getippt, ausgedruckt und in den Gruppen gemeinsam besprochen. Dann überarbeiten die Einzelgruppen ihren Text. Maßgeblich sind die Richtlinien des Wikis (zu finden auf der Website von projekte.zum.de unter dem Stichwort „Hilfe: Richtlinien im Wiki"), die die Lehrkraft jeweils kopiert auf die Tische legt:
  - Schreibe sachlich.
  - Schreibe verständlich.
  - Schreibe in ganzen Sätzen.
  - Schreibe grammatikalisch richtig.
  - Achte auf die Rechtschreibung.
- *Schritt 10:* Alle Gruppentexte werden als Gesamtbeitrag in Microsoft® Word zusammengefügt und präsentiert. Es können an dieser Stelle auch schon Bilder hinzugefügt werden.
- *Schritt 11:* In einer Redaktionskonferenz bespricht die ganze Klasse, ob der Text in sich stimmig, sowie grammatikalisch und rechtschriftlich fehlerfrei ist. Es wird auch beachtet, dass keine persönlichen Informationen (Klarnamen, Adressen, E-Mail-Adressen usw.) erscheinen.
- *Schritt 12:* Die Lehrkraft erstellt das Wiki (vgl. WikiHauptseite, s. o.) und veröffentlicht es.
- *Schritt 13:* Zuhause sollte der Wiki-Eintrag in den Familien gemeinsam gelesen und wertgeschätzt werden. Sollte es jetzt noch Änderungsvorschläge geben, sind eine Korrektur oder eine Weiterentwicklung jederzeit noch möglich.

3.4.2 Geschichten veröffentlichen: *Augmented reality (AR)* gestalten

Geschichten zu erzählen ist ein menschliches Grundbedürfnis – schon kleine Kinder erzählen, was sie erlebt oder erfunden haben und schreiben dies auch auf, sobald sie es können. Der bayerische Lehrplan PLUS formuliert die Bildungsstandards dahingehend aus, dass kompetentes schriftliches Erzählen mit einer überzeugenden sprachlichen Gestaltung gelingt. Es sollte „lebendig, wirkungsvoll und anschaulich" sein (Bay. Staatsministerium 2014, S. 128) mit einem gelungenen Aufbau, „z. B. Erzählsituation – Ereignis – Ausgang" (ebd.) erfolgen. Im Mittelpunkt sollte ein „erzählenswertes Ereignis" (ebd.) stehen. Die Erzähltechnik wird besonders bei der Überarbeitung verfeinert, die immer dann sinnvoll ist, wenn das Endergebnis wertgeschätzt wird.
Die Pädagogin Simone Naphegyi, die zum Thema „Sprachförderung" mehrsprachiger Lernender promoviert hat, zeigte auf dem KsL-Symposium 2021 in Wien mit dem Workshop *Family-Literacy-Angebote digital gestalten* und in mehreren Publikationen (vgl. z. B. Naphegyi 2021), dass eine ansprechende Möglichkeit der Veröffentlichung, die auch direkt die Familien der Kinder mit einbezieht, das Konzept der erweiterten Realität, der sogenannten Augmented Reality (AR), sein kann.

Hintergrund: Darum geht es

„Was steckt hinter dem Konzept von Augmented Reality (AR)? 'Augmented Reality results from combining the virtual world with the real one, with the particularity that the latter is presented to a larger extent that the former'", so beschreiben Castellanos und Pérez (Castellanos/Pérez 2017, S. 274) das Konzept der erweiterten Realitätserfahrungen, bei dem digitale Informationen in reale Kontexte eingebaut und integriert werden. Das Ziel dabei ist, die reale Welt nicht nur ausschließlich über unsere fünf Sinne, sondern erweitert wahrzunehmen." (Naphegyi 2021, S. 26). Reale Orte können dabei mit dem Smartphone oder Tablet gescannt werden, auf dem dann erweiternde Informationen, wie Audiodateien, PDF-Dateien, Websites u. v. m. konkret zu dem jeweiligen Ort angeboten werden.
Das Thema „Augmented Reality" wird hier am Projekt „Ein Geschichtenpfad durch unsere Nahumgebung" vorgestellt, bei dem die Kinder eine kreative Schreibaufgabe zu Stimuli bekommen: Ein Baum, ein Stein, ein Wegkreuz inspirieren, ihre Geschichte zu erzählen. Die Kinder erforschen mit der Lehrkraft

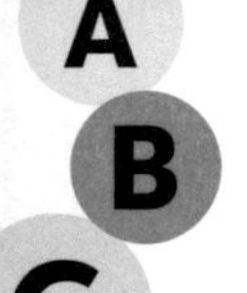

einen (eher ländlichen) Rundweg, halten besondere Orte fotografisch fest und erstellen auf einer AR-Plattform eine Erweiterung der Realität um ihre eigenen Geschichten zu einem digital abrufbaren Geschichtenpfad.

Augmented Reality mit BlippAR

BlippAR ist ein AR-Tool aus Großbritannien, das mit dem BlippBuilder die Möglichkeit bietet, selbst Augmented Reality zu erstellen. Dazu legt man einen sogenannte „Marker“ fest, ein Bild, das von der AR App erkannt und gescannt wird und dem man eigene Dateien zuordnen kann. Die erstellten Projekte kann man dann in der Blippar-App veröffentlichen. Ob die Erstellung gelungen ist, kann man kostenlos testen, eine Veröffentlichung ist geringfügig kostenpflichtig. Andere Nutzende können nach Veröffentlichung mit der Blippar-App den Marker scannen und dann das AR-Projekt sehen und/oder hören.

Technische Voraussetzungen und Materialien

- Computer mit Internetzugang
- Die App „BlippBuilder“
- Smartphone oder Tablet mit Audioaufnahmefunktion
- Endgeräte für die Kinder: Smartphone oder Tablet mit der App „BlippAR“

Plattform	Technische Voraussetzungen
Apple AppStore (Rezipieren der AR)	mind. iOS 10.0
Google PlayStore (Rezipieren der AR)	mind. Android 6.0
PC: Erstellen der AR mit der App BlippBuilder	Website von blippar.com (Windows, macOS, Linux)

Tab. 13: Technische Voraussetzungen für die Apps „BlippAR“ und „BlippBuilder“

Unterricht: So kann es gehen

Ziel der Unterrichtseinheit ist die Gestaltung einer kreativen, wirkungsvoll erzählten Geschichte. Die rein auditive Präsentation lenkt in der Phase der Überarbeitung das Augenmerk besonders auf die sprachliche Gestaltung: Wie kann ich meine Vorstellungen möglichst wirkungsvoll ausführen (Schritt 4, siehe unten)? Dieser Phase sollte im Unterricht besonders viel Zeit und Aufmerksamkeit geschenkt werden.

- *Schritt 1 – Vorbereitung:* Die Lehrkraft wählt, ggf. zusammen mit den Kindern, eine geeignete Wanderung (Rundweg, ca. 60 Minuten) aus (evtl. in Verbindung mit dem Sachunterrichtsthema „Orientierung"). Sie begehen diese und fotografieren markante Punkte, z. B. eine Brücke, ein Wegkreuz, eine Sitzbank, einen Felsen, einen Wegweiser, einen markanten Nadelbaum, einen Nistkasten, eine Futterstation u. v. m. Sie erstellen eine Foto-Wanderkarte.
  - Die Lehrkraft druckt die Fotos aus.
  - Jedes Kind entscheidet sich für ein Foto – vorbereitend können im Sitzkreis erste Ideen gesammelt werden.
- *Schritt 2 – Planung:* Die Kinder legen ihr Foto vor sich hin. Zu leiser Musik gibt die Lehrkraft Impulse aus der Perspektive des Gegenstands, die die Fantasie anregen können, etwa:
    - Auf mein Aussehen bin ich stolz. Ich betrachte mich genau von allen Seiten und entdecke Besonderes an mir.
    - Ich stehe / liege hier schon seit langer, langer Zeit. Meine ersten Erinnerungen sind …
    - Mich besuchen bestimmte Tiere bei Tag und bei Nacht und wir unterhalten uns. An ein Gespräch kann ich mich besonders erinnern …
    - Neulich habe ich von meinem Platz aus etwas Aufregendes / Gruseliges / Geheimnisvolles gesehen …
  - Die Kinder machen sich während dieser Phase Notizen. Im Anschluss ordnen sie diese zu einem Schreibplan.
  - *Fakultativ:* Zuhause / in einer freien Arbeitsphase denken die Kinder über ihre Schreibidee nach und sammeln – auch im Austausch mit anderen – Wortmaterial.
- *Schritt 3 – Schreiben:* Die Kinder verfassen ihre Geschichten.
- *Schritt 4 – Überarbeiten:* In einer Schreibkonferenz überarbeiten die Kinder ihre Geschichten. Sie lesen diese dann laut vor und nehmen sie über die Sprachaufnahme-App auf Smartphone oder Tablet (vgl. Kap. 3.1.2) so oft auf, bis sie mit der Wirkung zufrieden sind. Dann speichern sie die Audio-Datei und senden sie an die Lehrkraft.
- *Schritt 5 – Veröffentlichen:*
  - Die Lehrkraft loggt sich auf der AR-Plattform *BlippAR* ein.
  - Sie wählt „Create App AR" und anschließend „Start from scratch".
  - Sie lädt die Fotos hoch und gibt dem *Blipp* einen Namen.

  - Auf der nun folgenden Bearbeitungsseite lädt sie unter dem Menüpunkt „Widgets“ die Audiodateien der Kinder hoch.
  - Sie veröffentlicht den *Blipp*. (Eine dauerhafte Veröffentlichung ist kostenpflichtig.)
- ► *Schritt 6 – Den Geschichtenpfad genießen:* Die Kinder gehen (mit ihren Familien) die Wanderung. Wenn sie die ausgewählten Bildausschnitte mit der (kostenfreien) *BlippAPP* scannen, erfolgt vor Ort der Zugriff auf die jeweils hinterlegte Audio-Datei: Die Geschichte kann am passenden Ort gehört werden.

Gute weitere Aufgaben
Auch die Welt der Lyrik kann über Augmented Reality erschlossen werden, wie Simone Naphegyi es am Beispiel der *Ballade vom schweren Leben des Ritter Kauz vom Rabensee* zeigt. Bei diesem Projekt werden einzelne Strophen der Ballade mit Bildern von markanten Stellen der örtlichen Ritterburg verknüpft. So können die Kinder mit ihren Familien bei der Burgbesichtigung gleichzeitig die Ballade genießen (vgl. NAPHEGYI 2021).

3.4.3 Rechtschreibpraxis gewinnen: Diktate individualisieren am Beispiel der App *EASY peasy*

Der Bereich „Rechtschreiben“ ist zwischen *Texte verfassen* und *Sprache untersuchen* anzusiedeln: Wenn die kommunikative Seite der Rechtschreibung im Vordergrund stehen soll, geht es darum, eigene Texte für die Lesenden leicht lesbar zu machen. Rechtschreibung ist immer eine Höflichkeit gegenüber der lesenden Person, da ihre Hauptfunktion darin besteht, den Text intuitiv und unmittelbar erfassbar zu machen.
Dazu dienen die Prinzipien der deutschen Orthografie: Neben dem Lautprinzip hilft etwa das grammatische Prinzip z. B. mit der Großschreibung am Satzanfang, den Text visuell in Sinnabschnitten zu erfassen oder über die Großschreibung der Nomina, bedeutungstragende Wörter primär wahrzunehmen. Mit dem morphologischen Prinzip werden Wortstämme vereinheitlicht und als solche schnell erfasst usw. Diese (und andere) Prinzipien sollen von den Kindern untersucht, verstanden und in der Schreibpraxis angewendet werden.
Geübt werden diese Prinzipien und ihre Umsetzung im (eigenen) Text. Dazu geht es primär um den Aufbau von Rechtschreibstrategien. Vielfältige Übungen dafür bietet beispielsweise die App „Anton“ (siehe Kap. 2.4). Auch im Tool

„Meister Cody Namagi" (siehe Kap. 3.2.1) gibt es für Fortgeschrittene Übungen zur Rechtschreibung, die z. B. orthografische Regelmäßigkeiten und Morphemwissen schulen.
Geht es darum, Rechtschreiben zu trainieren, ist auch heute noch das Diktat als Übungsform im Gespräch – jedoch nicht unumstritten.

Hintergrund: Darum geht es

Der Idee, dass Diktate eine geeignete Lernform für die Rechtschreibung seien, setzen die Deutschdidaktikerinnen Tabea Becker und Corinna Peschel klaren Widerspruch entgegen: „Um zu lernen, sind zunächst einmal Motivation und Handlungseinbindung entscheidend. Weiterhin sind Einsichten, Bewusstmachungsprozesse und Eigenaktivität von großer Wichtigkeit. Alle diese Aspekte kommen in Diktaten kaum zum Tragen. Ein Einwand, der hier immer wieder vorgebracht wird, ist, dass Diktate doch eine gute Übung und Schreibpraxis seien. […] Dem Argument Übung muss man entgegenhalten, dass es diesbezüglich deutlich effektivere Möglichkeiten gibt. Wenn ein Kind im Diktat das Wort Fahrrad mit ‚Farat' verschriftet, sind es Einsichten in die Wortstruktur, die das Kind auf seinem Lernweg weiterbringen würden. Übung im Verschriften der Lautstruktur, wie sie für Diktate charakteristisch ist, hilft hier nicht weiter" (Becker/Peschel 2020, S. 9).

Diktate sind (als eine Übungsform unter vielen) nur eingeschränkt zeitgemäß. Zentral ist ein fachgerecht ausgewähltes Wortmaterial, das strukturell (z. B. im Rechtschreibgespräch) bereits untersucht wurde.

Dem ist in Bezug auf Wörter, wie Fahrrad, deren Schreibung sich strategieorientiert erklären lässt, uneingeschränkt zuzustimmen. Das Diktat kann dennoch eingesetzt werden, wenn die Wortstruktur hinreichend untersucht und verstanden wurde – als eine zusätzliche Übungsform, die hilft, Schreibroutinen aufzubauen. Ebenso sind Diktate hilfreich, wenn es darum geht, Wörter zu verschriftlichen, deren Orthografie sich nicht durch die gängigen Prinzipien erklären lässt (sogenannte Merkwörter). Wichtig ist in beiden Fällen eine fachlich fundierte, wohlüberlegte Auswahl der Wortmaterials. Bei der konkreten Umsetzung ist die App „EASY peasy: Diktate für Kinder" sehr hilfreich.

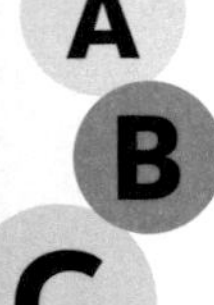

Rechtschreib-App: EASY peasy

Ziel der App ist die Übung der Rechtschreibung mit Hilfe von Diktaten. Dazu können die Nutzenden auf eine bestehende Bibliothek zurückgreifen oder eigene Diktate kreieren.

Die Diktate-App liest dem Kind das Diktat vor, dieses schreibt es auf Papier und tippt anschließend selbstständig die falsch geschriebenen Wörter in der App ab. Dazu werden Texte in sehr kurzen Sinneinheiten präsentiert, die Vorlesefunktion kann beliebig oft abgespielt werden. Die als fehlerhaft markierten Wörter werden abgespeichert und in der Rubrik „Monster-Wörter" geübt.

Technische Voraussetzungen und Materialien

- PC, Smartphone oder Tablet
- Endgeräte für die Kinder:
  - PC, Smartphone oder Tablet
  - Evtl. Kopfhörer
  - Papier, Schreibwerkzeug

Plattform	Technische Voraussetzungen
Apple AppStore	mind. iOS 9.1
Google PlayStore	mind. Android 4.4

Tab. 14: Technische Voraussetzungen der Diktate-App „EASY peasy"

Die App kann mit einem Diktat pro Person und Tag kostenlos verwendet werden. Für mehr (z. B. für mehrere Benutzende) muss sie entweder für einen oder zwölf Monate kostenpflichtig abonniert werden oder kann mit einer einmaligen Zahlung (für immer) erworben werden.

ACHTUNG:

Die App enthält eine Bibliothek mit Diktaten für die Klassenstufen 1 bis 9. Falls hier Texte verwendet werden, muss fachlich vorgearbeitet werden, da eine Integration von Rechtschreibstrategien und qualitativem Feedback eben gerade nicht stattfindet – der Vorwurf, den Becker und Peschel formulieren, trifft sonst in vollem Umfang zu.

Sehr geeignet ist hingegen die Funktion der App, eigene Diktate einzustellen (d.h. einzutippen) und diese durch die Vorlesefunktion vorlesen und aufbereitet am Bildschirm präsentieren zu lassen. Die Lehrkraft kann so gezielt und individualisiert Wortmaterial anbieten. Die Kinder haben den Vorteil, dass das Wortmaterial optisch und akustisch in kleine Einheiten aufgeteilt wird. Sie können sich die Einzelzeilen beliebig oft vorlesen lassen und schreiben dann in individuellem Tempo auf Papier mit. Am Schluss werden die Wörter angezeigt und das Kind kann seinen Text selbstständig korrigieren und durch einfaches Antippen Fehler markieren. Die Mühe wird extrinsisch mit Punkten, die Spielelemente freischalten, belohnt.

Unterricht: So kann es gehen

Im Klassenverband wird ein bestimmter Rechtschreibfall oder ein themenorientierter (Grund-)Wortschatz erarbeitet. Das Wortmaterial wird im gemeinsamen Rechtschreibgespräch untersucht und in (eigenen) Texten angewendet. In einzelnen Unterrichtsstunden (z.B. in einem Stationen-Training) oder in freien Arbeitsphasen werden die Wörter zusätzlich geübt. Eine von mehreren möglichen angebotenen Übungsformen ist die App „EASY peasy":

- *Schritt 1:* Die Lehrkraft richtet verschiedene Profile für die Kinder ein.
- *Schritt 2:* Sie tippt kurze Diktate zum aktuellen Wortmaterial, bzw. Rechtschreibfall ein und versieht diese dann mit einem Titel und einem Satz zum Übungsschwerpunkt.
- *Schritt 3:* Das Kind loggt sich mit seinem Profil ein. Auf dem Display erscheint eine Bildtafel mit dem Diktattitel, den das Kind durch Antippen wählt.
- *Schritt 4:* Dann erscheint eine Seite mit mehreren Sätzen, wobei jedes Wort als blaues Kästchen abgebildet wird, Satzzeichen werden angezeigt. Beim Antippen des Play-Modus (Pfeilsymbol) ertönt eine Computerstimme, die den Satz vorliest. Das Kind kann sich den Satz beliebig oft vorlesen lassen und schreibt ihn nun auf Papier mit.
- *Schritt 5:* Ist das Kind fertig mit dem Satz, wählt es den nächsten.
- *Schritt 6:* Wenn alle Sätze dieser Seite geschrieben sind, folgt der Korrekturmodus. Durch einen weiteren Klick auf das Pfeilsymbol werden die Wörter in den Kästchen sichtbar. Das Kind vergleicht die nun angezeigten Wörter mit seinen selbst geschriebenen. Falsche Sätze klickt es in der App an.

- *Schritt 7:* Zur Belohnung können Zeitfenster genutzt werden, um eines der Spiele der App, die nun freigeschaltet sind, zu spielen.
- *Schritt 8:* Die Lehrkraft sieht sich ggf. die Ergebnisse gemeinsam mit dem Kind an und bespricht diese mit ihm.

3.5 Sprache und Sprachgebrauch untersuchen

3.5.1 Über Sprachveränderungen nachdenken: Beispielsweise mit *Emojis*® schreiben

Wenn man, wie etwa im bayerische Lehrplan PLUS für die 3. und 4. Jahrgangsstufe, SMS als Textsorte explizit und spezifisch in den Blick nimmt (vgl. Bay. Staatsministerium 2014, S. 129), kommt man um ein wichtiges neues Kommunikationselement nicht herum: die Emojis®. Sie wurde von dem Japaner Shigetaka Kurita entwickelt und 1998/99 erstmals verwendet.

Emoticon oder Emoji®?
Emoticons (Kofferwort aus: Emotion + Icon) sind Zeichenfolgen, die schriftlich Stimmungs- und Gefühlszustände ausdrücken (z. B. Smileys). Emojis® stellen eine Weiterentwicklung dar: Sie beschränken sich nicht ausschließlich auf Gefühlszustände.

Emojis® sind Unicode Zeichen, die verbildlicht wurden, um Gefühle, Handlungen oder bestimmte Zustände darzustellen. Als Bilder transportieren sie damit eher die Gefühlsebene von Nachrichten und verstärken emotionale Eindrücke. Mittlerweile gibt es weit über 2.000 Emojis® von unterschiedlichen Urhebern und Marken für unzählige Situationen.

Hintergrund: Darum geht es
Im Kompetenzbereich „Sprache und Sprachgebrauch untersuchen" reflektieren die Kinder in „altersgemäßen, lebensnahen Sprach- und Kommunikationssituationen […] die Sprache in ihren Verwendungszusammenhängen und gehen dabei auf die inhaltliche Dimension und die Leistung von Wörtern, Sätzen und Texten ein" (KMK 2005, S. 9). Dabei rückt auch der Zusammenhang von gesprochener Sprache, Zeichen und alphabetischer Schrift in den Fokus: Wie funktioniert unsere Schrift im Vergleich zu Bildzeichen und Bilderschriften?

Wie verändert sich die Bedeutung des Gesagten, wenn ich mündlich, schriftlich oder ideografisch kommuniziere?
Lange Zeit hat man für den Kompetenzbereich als Grundlage von Ideogrammen Verkehrszeichen und Piktogramme verwendet, die die Kinder aus ihrer Umwelt zwar kennen, aber nicht aktiv verwenden. Heute kommunizieren Kinder tatsächlich mündlich, schriftlich und – in Verwendung von Emojis® – ideografisch. Letzteres geschieht meist eher intuitiv (auch bei Erwachsenen), ist aber sehr wohl einer genaueren Betrachtung wert.

Webseiten mit Emojis®
Im Internet findet man zahlreiche Seiten mit Übersichten von Emojis® und deren Bedeutung, zum Teil aufgebaut wie Wörterbücher. Dasselbe Emoji® kann jedoch, je nach verwendetem Dienst und Betriebssystem, unterschiedlich gestaltet und dargestellt sein. Das bedeutet, dass es, wenn es an ein Smartphone mit einem anderen Betriebssystem gesendet wird (iOS, Google, Microsoft, Samsung, LG), in der dortigen Schriftart angezeigt wird und zum Teil leicht divergierende Assoziationen auslöst. Das sollte man im Blick haben, wenn man sich anhand von Emoji®-Verzeichnissen zum Thema informiert. Daher sei hier speziell auf Websites verwiesen, die Emoji®-Listen z. B. für iOS, Android und Windows im Vergleich darstellten. Dort werden für diese verschiedenen Geräte und die Plattformen, aber auch für Instant-Messaging-Dienste, wie WhatsApp, Twitter, Telegram usw. Emojis® angeboten und in ihren dort jeweils unterschiedlichen Ausführungen vergleichend präsentiert. Man kann hier zu jedem Emoji® eine ausführliche Beschreibung seiner Bedeutung in verschiedenen Kontexten erhalten. Umgekehrt kann man zu einem Begriff passende Emojis® suchen und via unkomplizierter Kopierfunktion in den Kommunikationsverlauf einfügen. Außerdem werden im Internet Emoji®-Sammlungen zu verschiedenen Themen zur Verfügung gestellt.

Unterricht: So kann es gehen
Ideografische Kommunikation mithilfe von Emojis® lässt sich auf verschiedene Weise in den Unterricht integrieren. Es bietet sich an, zunächst auf die konkrete Kommunikation der Kinder zu sehen: Gibt es Schülerinnen oder Schüler, die in ihren Textnachrichten Emojis® verwenden? Welche Emojis® kennen die Kinder schon? Und was halten sie von diesen?“
Dann wird die Reflexion dieser Textbausteine gezielt ins Zentrum des Unterrichtsgeschehens gerückt:

- Ausgangspunkt ist folgende Messenger-Nachricht (A): „Hi Lena 🙂 Bernd getroffen 😠 😡“ Die Lehrkraft erklärt, dass sie das nicht ganz versteht und bittet die Kinder um Hilfe.
- *Schritt 2:* Die Kinder schreiben jeweils individuell dazu, welche Bedeutung die Bildzeichen für sie haben.
- *Schritt 3:* Sie vergleichen ihre Lösung zu zweit und besprechen sie dann in der Gruppe (Think-Pair-Share-Prinzip).
- *Schritt 4:* Die Kinder öffnen in Partnerarbeit eine Website mit Emojis® und …
  - geben ein Stichwort aus ihrer Erklärung ein (z. B. „Freude“ für das erste Emoji®),
  - geben eine Beschreibung des Emojis® ein („lachendes Gesicht“),
  - suchen das Emoji® innerhalb der Emoji®-Sammlung (z. B. in der „Smileys und Emotionen“-Kategorie) und
  - lesen die ausführliche Erklärung zu jedem der Zeichen. (🙂 – Ich freue mich. / 😠 😡 – verbale Auseinandersetzungen)
  - und vergleichen sie mit ihrer persönlichen, bzw. Gruppenansicht.
- *Schritt 5:* Im Klassengespräch überlegen die Kinder:
  - Wo liegt der Unterschied der Messenger-Nachricht (A) zur folgenden Nachricht (B): „Hi Lena. Ich freue mich auf dich. Habe Bernd getroffen. Wir haben uns gestritten und angeschrien.“ Angesprochen werden sollten folgende Aspekte: Nachricht A ist deutlich kürzer, zeigt die Gefühle unmittelbarer, ist uneindeutig und kann unterschiedlich interpretiert werden. Nachricht B ist ausführlicher und sachlicher, eindeutiger und hinterlässt weniger Interpretationsspielraum.
- *Schritt 6:* Mithilfe einer Emoji®-Webseite verfassen die Kinder selbst Rätseltexte mit Emojis®, ähnlich dem Einstiegstext, und ausgeschriebenen Lösungen. Die Rätsel werden im Klassenzimmer für freie Arbeitsphasen aufgehängt und nach einer gewissen Zeit aufgelöst.

3.5.2 Wortarten üben: Ein Quiz entwickeln am Beispiel *Kahoot!*

Schon in der Benennung „Sprache und Sprachgebrauch untersuchen“ in den KMK-Standards für die Primarstufe wird der Fokus auf das aktive Untersuchen gelegt. Ausgehend von ihrer eigenen Sprache sollen die Kinder möglichst selbsttätig (auch) grammatische Kategorien erforschen. Eine zentrale dieser Kategorien ist die Einteilung von Wörtern in Wortarten, die sowohl für die

Rechtschreibung als auch in der Textproduktion und -reflexion eine bedeutende Rolle spielt. Horst Bartnitzky schlägt für die Wortarten eine dreischrittige Vorgehensweise vor: Begriffsbildung, Einführung des Begriffs als Fachwort, Übung und Vertiefung (vgl. Bartnitzky 2005, S. 90). Mit Kahoot! kann die Phase der Übung und Automatisierung motivierend gestaltet werden.

Im Wortartenlabor

MEIN WORT

Welche Bedeutung passt (ungefähr)?		**Kann ich mit dem Wort so etwas machen, wie ...**		**Dann ist das Wort ein ...**
Es ist ein **Name**.	→	... es (oft) in Einzahl und Mehrzahl setzen: **ein Haus – viele Häuser**	→	**Nomen** (Namenwort)
	→	... einen Begleiter davor setzen: **der Baum, die Tür, das Haus**	→	
	→	... es (oft) sehen, malen, anfassen, mir vorstellen: **Vater, Hund, Blume, Glück, Mut, Liebe**	→	
Es ist etwas, das jemand **tut**.	→	... es mit verschiedenen Personen verbinden: **ich laufe, du läufst, er läuft**	→	**Verb** (Tunwort)
	→	... es in unterschiedliche Zeiten setzen: **ich gehe, ich ging, ich bin gegangen**	→	
	→	... es in die Grundform setzen: **gehen, sprechen, schauen**	→	
Es beschreibt, **wie** etwas ist.	→	... es zwischen Begleiter und Nomen setzen: **ein schönes Dingsda**	→	**Adjektiv** (Wiewort)
	→	... es (oft) steigern: **schön – schöner – am schönsten**	→	
	→	... (oft) ein Gegenteil dazu finden: **groß – klein**	→	

Cornelsen/Liliane Oser (Illustrationen)

Abb. 17: Die Lernposter-Arbeitsblatt-Kombi: Im Wortartenlabor (Niklas 2018)

Hintergrund: Darum geht es

„Die Kinder handeln mit Wörtern der Wortart: Sie sammeln Wörter, strukturieren und verändern sie, verwenden sie in sprachlichen Zusammenhängen, denken über Funktion, Form, Regelhaftigkeit nach" (Bartnitzky 2005, S. 90). Wichtig ist, dass die Begriffsbildung vor der Begegnung mit dem Fachbegriff stattfindet und dass die Kinder hier selbsttätig vielfältige Erfahrungen mit den Wörtern der jeweiligen Wortart machen, sich also als Wörterwissenschaftler/-innen im Wortartenlabor – wie auf Abb. 17 zu sehen – ausprobieren. In der 3. Jahrgangsstufe werden Nomina, Verben und Adjektive in weiterführender Komplexität betrachtet, wie etwa in Hinblick auf die Abstracta, die Zeitformen des Verbs oder die Komparation von Adjektiven. Die verwendeten Proben

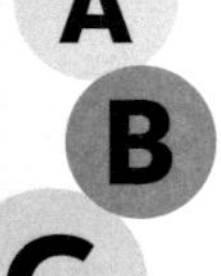

werden erweitert: Im Wortartenlabor wird das Wort systematisch den Prüfungen unterzogen, um die Wortart festzustellen.
Nach diesen Vorarbeiten folgt eine Phase intensiver Übung und Anwendung. Neben der systematischen Thematisierung von Fällen in Texten (der Kinder) ist die App „Kahoot!" eine motivierende Möglichkeit, auf spielerische Weise Wissen abzufragen.

Quiz-App: Kahoot!
Mit Kahoot! lassen sich unkompliziert digitale Quizspiele (und Umfragen) erstellen, an denen die Schülerinnen und Schüler individuell oder in Gruppen mit ihren Smartphones oder internetfähigen Tablets teilnehmen können. Die Lehrkraft formuliert ein Quiz am eigenen PC und präsentiert es über Beamer oder Whiteboard. Das Quiz besteht in der Grundeinstellung aus einer Folge von je einer Frage mit vier Antwortmöglichkeiten.
Die Kinder loggen sich ein und klicken jeweils Antworten an, die gespeichert und ausgewertet werden. Am Schluss werden die Gewinner/-innen in einer Rankingliste (der besten) gezeigt. Datenschutzrechtlich ist die Plattform für die Spielenden unbedenklich, da diese sich nur per Nickname eintragen.

Technische Voraussetzungen und Materialien
- PC oder Laptop mit Internetzugang für die Lehrkraft
- Beamer oder Whiteboard
- Endgeräte für die Kinder: Smartphone oder Tablet mit Internetzugang

Plattform	Technische Voraussetzungen
Apple AppStore	mind. iOS 10.0
Google PlayStore	mind. Android 5.0
Internet	Webseite von getkahoot.com für die Erstellung und von kahoot.it für die spielenden Personen

Tab. 15: Technische Voraussetzungen der Quiz-App „Kahoot!"

Unterricht: So kann es gehen

Im Unterricht soll Kahoot! nun für ein Wortarten-Quiz eingesetzt werden.

- *Schritt 1:* Die Lehrkraft registriert sich bei Kahoot!. Sie öffnet dafür die Webseite von getkahoot.com und klickt auf den Button „Sign Up". Dann wählt sie aus, dass sie Kahoot! „as a teacher" nutzen möchte. Sie gibt einen Anmeldenamen und ihre Schulform an und klickt auf „Join Kahoot!". Jetzt gibt es (etwas versteckt, unten auf der Seite) neben anderen auch die Möglichkeit sich in die Gratisversion einzuloggen.
- *Schritt 2:* Die Lehrkraft wählt als Spielform das „Quiz" und gibt als Titel „Wortartenquiz" an. Evtl. gibt sie noch eine Beschreibung ein. Optional kann auch ein Bild oder ein Einführungsvideo einfügt werden. Wenn die Lehrkraft auf einen grünen Button „Ok, go" klickt, gelangt sie zum „Game Creator".
- *Schritt 3:* Die Lehrkraft kann über „Add question" beliebig viele Fragen mit zugehörigen Antwortmöglichkeiten erstellen. Sie achtet darauf, dass das eingestellte (und veränderbare) Zeitlimit ausreichend Zeit zum Überlegen gibt. Wenn alle Fragen gestellt sind, speichert sie das erstellte Quiz über den Button „Save". Auf „Preview it" ist eine Vorschau möglich.

- **Wichtig bei der Fragenerstellung:** Die Lehrkraft gibt das Wortmaterial in Sinnzusammenhängen an: Sie formuliert jeweils ganze Sätze, bei denen sie das Wort, dessen Wortart zu bestimmen ist, fett markiert, z. B. Der **junge** Hund spielt gerne Ball.
- Als Antwortoptionen werden die vier Möglichkeiten genannt und die richtige markiert: Nomen, Verb, Adjektiv, sonstige.
- **Wichtig für die Fragenbeantwortung:** Vor dem Spiel sollten die Wortartenproben noch einmal aktiv besprochen werden. Evtl. wird auch ein Hefteintrag oder das Lernposter (siehe S. 83) dazu prominent platziert, sodass die Kinder es im Blick haben.

- *Schritt 4:* In der Schule kommt die Lehrkraft über „Play it" in den Spielmodus, ein Einwahlcode für die Mitspielenden wird angezeigt. Die Lehrkraft entscheidet sich, ob sie entweder die Variante für Einzelspielende oder den Team-Modus wählt. Sie überlegt, ob sie primär eine Rückmeldung haben möchte, wie die einzelnen Kinder zurechtkommen (Einzelspielende) oder ob es darum gehen soll, dass die Kinder sich beraten und im Gespräch aktiv die Wortartenproben anwenden (Team-Modus). Evtl.

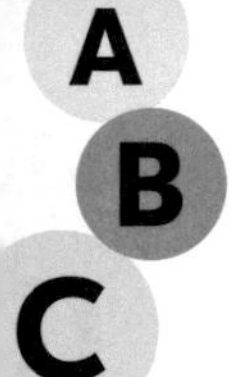

spielt auch die Anzahl der vorhandenen Smartphones bei den Überlegungen eine Rolle.
Sie stellt eine Verbindung zum Smartboard her und veröffentlicht dort den Einwahlcode.

- *Schritt 5:* Die Schülerinnen und Schüler gehen mit ihren Endgeräten auf die Website von kahoot.it und geben den angezeigten Code und aus Datenschutzgründen einen erfundenen und mit der Lehrkraft vereinbarten Namen ein.
- *Schritt 6:* Die Lehrkraft startet das Spiel über den Start-Button, die Fragen werden nun am Smartboard angezeigt.
- *Schritt 7:* Die Kinder wählen auf ihrem Endgerät jeweils eine der vier Antwortmöglichkeiten. Sie haben dabei genügend Zeit, die Wortartenprobe für sich oder im Gespräch miteinander durchzuführen. Sie klicken eine Antwort an. Sie bekommen daraufhin auf ihrem Gerät ein unmittelbares Feedback, ob die Antwort richtig ist und evtl. erspielte Punkte werden aufaddiert.
- *Schritt 8:* Nach Ablauf des Zeitlimits wird die korrekte Antwort am Smartboard veröffentlicht. Den Spielenden wird eine Siegertreppe mit den drei Besten angezeigt. Die Lehrkraft kann zusätzlich bei „Get Results“ die Bestenliste einsehen.

Gute weiterführende Aufgaben

Ganz ähnlich strukturiert lässt sich auch ein Quiz zu den Satzgliedern aufbauen. Es können auch alle Bereiche, bei denen Faktenwissen abgefragt wird, in der Multiple-Choice-Konstruktion von Kahoot! untergebracht werden. Gut geeignet ist die App auch für das Blitzlesen: Bei geringem Zeitlimit muss ein Satz gelesen werden, in dem ein Wort nicht in den Satzzusammenhang passt. Dieses kann dann unter vier Möglichkeiten identifiziert werden.

4 Zusammenfassung und Ausblick

In der Warteschlange, auf dem Weg zum Supermarkt, auf dem Autorücksitz, in Bus und Bahn: Wir können jederzeit online gehen, Nachrichten checken, Musik oder einen Podcast hören, ein Spiel spielen, usw. Für Kinder wie Erwachsene ist dies heute selbstverständlicher Teil des Lebensalltags.

Auch in schulischen Kontexten wird der Umgang mit digitalen Medien zunehmend selbstverständlicher Teil des Alltags: zum einen, weil Unterricht direkt an die Lebenswelt der Schülerinnen und Schüler anknüpfen sollte, die sich durch den selbstverständlichen Gebrauch digitaler Medien durch alle Mitglieder der Gesellschaft verändert hat. Andererseits weil digitale Medien Chancen bieten, „bereits bekannte Kompetenzen […] effektiver zu fördern; [ebenso wie] neue Zieldimensionen durch die Auseinandersetzung mit digitalen Medien zu erschließen" (Knopf/Abraham 2016, S. IX). Und als dritten, ganz pragmatischen Aspekt: weil die technischen Geräte dazu vorhanden sind, teilweise in Privatbesitz von Lehrkräften, Kindern und deren Familien, teilweise als Ausstattung an den Schulen.

Wie man in diesem Buch sehen konnte, haben sich gerade im Deutschunterricht die zentralen Gegenstände im Kontext von *Kommunikation, Information und Narration* geändert (Kap. 1).

In den Praxisbeispielen spielt das ein Rolle, wenn Zuhörtraining individualisiert über das *Betthupferl* in der BR-Mediathek erfolgt (siehe Kap. 3.1.1), wenn Sachbücher codiert sind und sich über den Lesestift BOOKii ein auditives Angebot dazuschalten lässt (Kap. 3.2.3), oder wenn ein Bilderbuch, wie *Im Garten der Pusteblumen*, als Bilderbuch-App rezipiert wird (Kap. 3.2.1).

Als neue Zieldimension kommt die Arbeit an einer digitalen *Informationskompetenz* hinzu (Kap. 1.2) oder die Bewältigung einer Textsorte, wie das *(ZUM-Projekt) Wiki*, in dem informierende Texte in einem Format veröffentlicht werden, das inzwischen bereits eigenständige Konventionen besitzt (Kap. 3.4.1). Auch die Kommunikation mithilfe von *Emojis*® folgt eigenen Regeln, die sich in den letzten Jahren neu entwickelt haben (Kap. 3.5.1).

Methodisch motivierend sind für Kinder im Deutschunterricht Verfahren, eigene Produktionen zu veröffentlichen und auf diesem Weg Sinnhaftigkeit und Wertschätzung zu erleben. Das können mündliche Beiträge sein, die als *Podcast* gesendet werden (Kap. 3.1.2), Imaginationen von literarischen

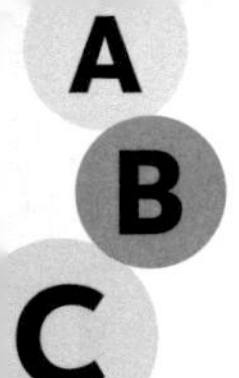

Figuren, die im *Stop-Motion-Film* illustriert werden (Kap. 3.2.3), oder eigene Geschichten, die mit dem Smartphone über *Augmented Reality* in der eigenen Lebensumwelt aufgerufen und angehört werden können (Kap. 3.4.2).
Ein weiterer Effekt digitaler Medien ist die Nutzung als Werkzeug, das dabei helfen kann, sich die Romanwelt eines Buchs wie *Mio, mein Mio* vorzustellen, indem man sie in *Minecraft* nachbaut (Kap. 3.2.2). Werkzeugcharakter haben auch die *QR-Codes,* die man zu einem Lesetext erstellt und die über den Text hinausgehende Informationen (z. B. Worterklärungen) anbieten (Kap. 3.2.2). Auch die Transformation von Übungsaufgaben in ein Quiz auf *Kahoot!,* in denen die Wortart von einzelnen Wörtern in einem Satz bestimmt wird (Kap. 3.5.2), gehört in diese Kategorie, die als ein Aspekt unter vielen zur Methodenvielfalt beiträgt.
Und schließlich bieten Lern-Apps, wie die *Anton-App* (Kap. 2.4), *Meister Cody Namagi* (Kap. 3.2.1) oder *EASY peasy* (Kap. 3.4.3), Angebote, die Kindern helfen können, individualisiert und differenziert z. B. sprachliche Strukturen in Sätzen zu untersuchen, das morphologische Prinzip zu nutzen, an ihrer phonologischen Bewusstheit zu arbeiten oder daran, Schreibroutinen aufzubauen u. v. m.

Dieser Überblick zeigt bereits, wie breit das Feld ist, das hier beackert wird: Zu jedem der angesprochenen Aspekte ließe es sich umfangreich fortfahren – was zugleich auch Teil der Problematik digitaler Medien im (Deutsch-)Unterricht ist, denn vieles, was auf dem Markt bzw. im Internet angeboten wird, bleibt unübersichtlich, zum Teil fachlich mangelhaft und lässt sich bei fehlender Fachausbildung auch so einsetzen, dass es schadet, statt zu nutzen (wie es etwa bei der Diktat-App *EASY peasy* bereits angeklungen ist).
Rink und Walter sprechen ein weiteres Problem an, da es ihrer Meinung nach außer Zweifel steht, „dass digitale Medien die Kernprobleme eines jeden Unterrichts – wie den zielführenden Umgang mit Heterogenität, die Bereitstellung von Differenzierungsmaßnahmen oder einer diagnosegeleiteten Förderung aller Kinder – allein nicht bewältigen werden“ (Rink/Walter 2020, S. 94).
Hinzu kommt das schnelle Verfallsdatum vieler Angebote: Die Dynamik am Markt ist groß und die Technik entwickelt sich zügig weiter. So sind z. B. viele Übungsprogramme, die als Lernsoftware auf CD-ROM vertrieben wurden, zusammen mit den integrierten CD-ROM-Laufwerken verschwunden. Das

stört viele Lehrkräfte, die sich intensiv in die Thematik eingearbeitet und gute Angebote gefunden haben und nun mit Bewährtem gerne weiterarbeiten möchten. Nichtsdestotrotz möchten die in diesem Band vorgestellten Beispiele Mut machen, sich aktuell und immer wieder neu auf digitale Medien im Deutschunterricht einzulassen. Die dafür notwenigen Kompetenzen bringen Sie als ausgebildete Grundschullehrkraft bereits mit. Es lohnt sich also die Einarbeitung oder Vertiefung!

Folgende Aspekte sollen Sie bei der Umsetzung der Ideen und beim Weiterarbeiten ermutigen:

- *Vertrauen Sie Ihrem didaktischen Fachwissen!* Die aktuellen deutschdidaktischen Richtlinien lassen sich genauso auf digitale Angebote anwenden, wie auf analoge. Fachlich gute und richtige Arbeit folgt u. a. dem Aufbau von Zuhörstrategien, den Grundlagen einer Unterstützung der kommunikativen Kompetenz, den Modellen zur Arbeit an der Lesekompetenz, einem handlungs- und produktionsorientierten Literaturunterricht, prozessorientiertem Schreiben, strategiebasiertem Rechtschreiben und dem aktiven Untersuchen von Sprache und Sprachgebrauch – an Whiteboard und Smartphone, ebenso wie mit Tafel und Büchern.
- *Vertrauen Sie Ihrer Praxiserfahrung!* Solides Classroom-Management ist Voraussetzung und Hauptqualitätsmerkmal guten Unterrichts (vgl. Brandmeier 2021, S. 51) – unabhängig davon, ob die Kinder in Hefte schreiben oder auf Tablets wischen.
- *Vertrauen Sie Ihren technischen Alltagserfahrungen!* Die meisten technischen Vorgänge, die für die Unterrichtseinheiten zu bewältigen sind, liegen sehr nahe bei dem, was Lehrkräfte als durchschnittliche Nutzende von Smartphone, Computer usw. sowieso aus ihrem Lebensalltag schon kennen.
- *Leben Sie gelassen mit Pannen!* Technik funktioniert nicht immer. Solange Sie notfalls auch auf einen analogen Plan B umschwenken können, was im Grundschulalltag ja eigentlich immer geht, muss aus dieser Tatsache kein Stressfaktor werden.
- *Freuen Sie sich – zusammen mit Ihren Schülerinnen und Schülern – an Erfolgen!* Training mit einer Lern-App, gemeinsames Quizzen über Whiteboard und Smartphone – nehmen Sie bewusst die Fortschritte Ihrer Schülerinnen und Schüler wahr, besprechen Sie diese mit ihnen und lassen

Sie den Spielerfolg nicht die einzige Rückmeldung sein, sondern freuen Sie sich gemeinsam mit jedem einzelnen Kind über dessen Fleiß und seine Leistungen.

- *Präsentieren Sie selbstbewusst Gelungenes!* Arbeit mit digitalen Medien liefert präsentable Ergebnisse – lassen Sie diese auch glänzen: Ein repräsentabler Internetauftritt Ihrer Schule mit einem thematisch spannenden Podcast, ein Presseartikel über ein gelungenes Projekt, wie ein AR-Wanderpfad, ein Kino-Elternabend zum Literaturprojekt mit Stop-Motion-Film macht die Früchte der Arbeit Ihrer Schülerinnen und Schüler transparent. Lassen Sie sich zu der Mühe, die Sie in diese Arbeiten gesteckt haben, gratulieren!

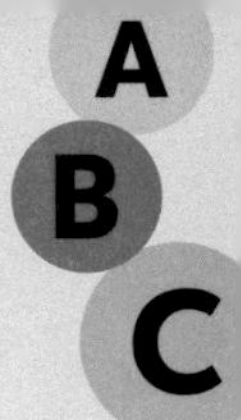

Literatur

BARTNITZKY, H. (2005): Grammatikunterricht in der Grundschule. Berlin: Cornelsen Scriptor.

BAYERISCHES STAATSMINISTERIUM FÜR BILDUNG UND KULTUS; WISSENSCHAFT UND KUNST (Hrsg.) (2014). LehrplanPLUS. Grundschule In Bayern. München: Maiß.

BECKER, T./PESCHEL, C. (2020). Rechtschreibung: Irrtümer und Erkenntnisse. Strategieorientierte Zugänge. In: Grundschulmagazin 2/20, Friedrich-Verlag, S. 7–11.

BR (2021). Unsere Mundart-Betthupferl. Von oberbayerisch bis unterfränkisch. https://www.br.de/kinder/hoeren/betthupferl/mundart-betthupferl-aus-allen-bayerischen-regierungsbezirken-100.html (abgerufen am 19.01.2022)

BRANDMEIER, F. (2021). Disziplin und Erziehungsschwierigkeiten. In: Grundschulmagazin 4/21, S. 50-53.

BÜKER, P. (2002). Literarisches Lernen in der Primar- und Orientierungsstufe. In: BOGDAL, K.-M./KORTE, H. (Hrsg.). Grundzüge der Literaturdidaktik (S. 120–133), München: dtv.

EUSER, E. (2015). Podcasts im Deutschunterricht der Primarstufe. In: MÖBIUS, T./STEINMETZ, M./LANG, V. (Hrsg.). Tablets im Deutschunterricht. München: kopaed, S. 179–184.

FRIEDLMEIER, W./TROMMSDORFF, G. (1992) Entwicklung von Empathie. In: FINGER, G. (Hrsg.) Frühförderung zwischen passionierter Praxis und hilfloser Theorie. Freiburg im Breisgau: Lambertus, S. 138–150.

GAILBERGER, S. (2011). Lesen durch Hören. In: Deutsch. Unterrichtspraxis für die Klassen 5 bis 10. Heft 26/2011, Seelze, S. 21–22.

GOY, M./VALTIN, R./HUSSMANN, A. (2017). Leseselbstkonzept, Lesemotivation, Leseverhalten und Lesekompetenz. In: HUSSMANN, A. et al. IGLU 2016. Lesekompetenzen von Grundschulkindern in Deutschland im internationalen Vergleich. Münster, New York: Waxmann, S. 143–175.

HAAS G./MENZEL, W./SPINNER, K. H. (1994). Handlungs- und produktionsorientierter Literaturunterricht. In: Praxis Deutsch, Heft 123, Friedrich-Verlag, S. 17–25.

HÄCKL, B. (2021). „Ich hör dir zu!" Zuhören als Technik und Sozialform. In: Grundschulmagazin, Bd. 1/21, S. 7–10.

HAGEDORN, B. (2015). Audiobearbeitung mit Audacity für Kids. Frechen: Mitp-Verlag.

HELL, S. (2020). Lyrik wird Film: Gedichte im Videoformat. In: Grundschulmagazin 5/20, Friedrich-Verlag, S. 29–34.

Hessler, A. (o. J.). QR-Codes – Was sind sie, wofür braucht man sie? wb-web https://wb-web.de/material/medien/QR-Codes.html (abgerufen am 24.01.2022) CC BY SA 3.0

Huemer, S./Moll, K./Schulte-Körne, G. (2018). Onlinebasierter Leseförderung für Grundschüler: Das Konzept Meister Cody – Namagi. In: Lernen und Lernstörungen 7(4): Hogrefe, S. 247–252.

Imhof, M. (2010). Zuhören lernen und lehren. Psychologische Grundlagen zur Beschreibung und Förderung von Zuhörkompetenzen in Schule und Unterricht. In: Imhof, M./Bernius, V. (Hrsg.): Zuhörkompetenz in Unterricht und Schule. Beiträge aus Wissenschaft und Praxis. Göttingen: Vandenhoeck & Ruprecht, S. 15–30.

Knopf, J./Abraham, U. (2016). Deutsch Digital. Bd. 1 Theorie. Baltmannsweiler: Schneider Verlag Hohengehren.

Krelle, M. (2013). Schreibkompetenz. In: Müller, C./ Rothstein, B. (Hrsg.): Kernbegriffe der Sprachdidaktik Deutsch. Ein Handbuch. (S. 362–365), Baltmannsweiler: Schneider.

Lehrerfortbildungsserver Baden_Württemberg (o. J.). Storyboardzeichner. https://lehrerfortbildung-bw.de/st_digital/medienwerkstatt/multimedia/video-im-unterricht/baum/jobs/story/ (abgerufen am 04.03.2022)

Maiwald, K. (Hrsg.) (2019). Intermedialität. Formen – Diskurse – Didaktik. Baltmannsweiler: Schneider Verlag Hohengehren.

Medienpädagogischer Forschungsverbund Südwest (Hrsg.) (2021) KIM 2020. Kindheit, Internet, Medien. Basisuntersuchung zum Medienumgang 6- bis 13-Jähriger in Deutschland. Stuttgart: mpfs.

Meyer, H. (1987). UnterrichtsMethoden II: Praxisband. Frankfurt a. M.: scriptor.

Naphegyi, S. (2021). Augmented Reality (AR) als Brücke zur Welt der Lyrik. In: Grundschulmagazin 4/21, S. 26–31.

Niklas, A. (2013). Handlungs- und produktionsorientierte Methoden für den Literaturunterricht. In: Abraham, U./Knopf, J. (Hrsg.): Deutsch-Didaktik für die Grundschule (S. 43–52). Berlin: Cornelsen.

Niklas, A. (2018). Die Lernposter-Arbeitsblatt-Kombi. Deutsch, Wortarten und Satzglieder. Berlin: Cornelsen.

Ostermann, F. (1973). Kreative Prozesse im ‚Aufsatzunterricht'. Zur sprachlichen Gestaltungspotenz von Kindern und Jugendlichen. Paderborn: Schoeningh.

Payrhuber, F.-J. (72016). Schreiben lernen. Texte verfassen in der Grundschule. Baltmannsweiler: Schneider Verlag Hohengehren.

Pohl, T. (2014). Schriftliches Argumentieren. In: Feilke, H./ Pohl, T. (Hrsg.) Schriftlicher Sprachgebrauch – Texte verfassen. (S. 287–315) Baltmannsweiler: Schneider Verlag Hohengehren.

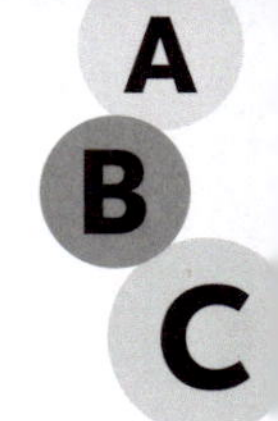

RINK, R./WALTER, D. (2020). Digitale Medien im Matheunterricht. Ideen für die Grundschule. Berlin: Cornelsen.

ROSEBROCK, C./NIX, D./RIECKMANN, C./GOLD, A. (2011). Leseflüssigkeit fördern. Lautleseverfahren für die Primar- und Sekundarstufe. Seelze: Friedrich.

SCHEERER_NEUMANN G./RITTER, C. (2006). Phonologische Bewusstheit. In: Reader zur Lernstandsanalyse. Sieben diagnostisch-pädagogische Verfahren für den Schulanfang https://bildungsserver.berlin-brandenburg.de/readerzurlernstandsanalyse0 (abgerufen am 21.01.2022)

SCHULZ, L. (2011). Vermittlung von Informationskompetenz an der Grundschule. Erarbeitung eines integrativen Praxiskonzepts für den Deutschunterricht. Köln: Fachhochschule Köln Fakultät für Informations- und Kommunikationswissenschaften Institut für Informationswissenschaft https://publiscologne.th-koeln.de/frontdoor/deliver/index/docId/56/file/Schulz_Lena.pdf (abgerufen am 20.01.2022)

SEKRETARIAT DER STÄNDIGEN KONFERENZ DER KULTUSMINISTER DER LÄNDER IN DER BUNDESREPUBLIK DEUTSCHLAND (KMK) (Hrsg.) (2005). Bildungsstandards im Fach Deutsch für den Primarbereich. München: Wolters Kluwer.

SEKRETARIAT DER STÄNDIGEN KONFERENZ DER KULTUSMINISTER DER LÄNDER IN DER BUNDESREPUBLIK DEUTSCHLAND (KMK) (Hrsg.) (2005). Bildungsstandards im Fach Deutsch für den Primarbereich. München: Wolters Kluwer.

SEKRETARIAT DER STÄNDIGEN KONFERENZ DER KULTUSMINISTER DER LÄNDER IN DER BUNDESREPUBLIK DEUTSCHLAND (KMK) (Hrsg.) 2013). Kompetenzstufenmodell zu den Bildungsstandards für das Fach Deutsch im Kompetenzbereich Sprechen und Zuhören Primarbereich). Beschluss der Kultusministerkonferenz (KMK) http://docplayer.org/29837923-Kompetenzstufenmodell-zu-den-bildungsstandards-fuer-das-fach-deutsch-im-kompetenzbereich-sprechen-und-zuhoeren-primarbereich.html (abgerufen am 13.12.2021)

SPINNER, K. H. (2006). Elf Aspekte literarischen Lernens. In: Praxis Deutsch, Bd. 33, Nr. 200, Friedrich-Verlag, S. 6–16.

STATISTA (2022). Most popular global mobile messenger apps as of October 2021, based on number of monthly active users. https://www.statista.com/statistics/258749/most-popular-global-mobile-messenger-apps/ (abgerufen am 04.03.2022)

STENZHORN, M. (2021). Anton. Deutsch, Mathe, Sachunterricht, DaZ und Musik für Klasse 1–8. Alle wichtigen Themen aus der Schule passend zum Lehrplan. https://www.digitale-schule.net/apps/anton (abgerufen am 13.12.2021)

VALTIN, R. (2010). Phonologische Bewusstheit – eine notwendige Voraussetzung beim Lesen- und Schreibenlernen? https://www.leseforum.ch/Valtin_10_2.cfm 2/2010. (abgerufen am 13.12.2021)

Weller, J. (2017). Grundschüler drehen einen eigenen Werbespot. https://medienundschule.br.de/projekt/grundschueler-drehen-einen-eigenen-werbespot/ (abgerufen am 13.12.2021)

Zierer, K. (2018). Lernen 4.0 – Pädagogik vor Technik. Möglichkeiten und Grenzen einer Digitalisierung im Bildungsbereich. Baltmannsweiler: Schneider Verlag Hohengehren.

Primärliteratur:

Angermayer, K. C. (2013). Schnauze, es ist Weihnachten! München: cbj.

Blanco, N./Docampo, V. (2013). Im Garten der Pusteblumen. Mixtvision: München. (Bilderbuch-App: Mixtvision Mediengesellschaft 2017)

Braun, C./Kaiser C./Lickleder M. (2020). BOOKii® WAS IST WAS Junior Im Einsatz mit der Feuerwehr! Nürnberg: Tessloff.

De Lestrade, A. (22012). Die große Wörterfabrik. Mixtvision: München. (Bilderbuch-App: Mixtvision Mediengesellschaft 2013)

Erlbruch, W. (2007). Ente, Tod und Tulpe. München: Kunstmann.

Krüss, J. (2013). Der wohltemperierte Leierkasten. München: cbj.

Lindgren, A. (1954). Mio, mein Mio. Raben & Sjögren Bokförlag: Stockholm; dt. Ausgabe: Lindgren, Astrid (1995). Mio, mein Mio. Hamburg: Friedrich Oetinger.

Kopiervorlage: Checkliste für Lern-Apps

Voraussetzungen:

Kosten der App:
Technische Voraussetzungen:
Werbung:

Inhalt:

Eingabemodus:
Rückmeldung:
Erläuterungen bei / von Fehlern:
Erklärungen:
Themenauswahl:
Zielorientierung:
Design:

Benutzerfreundlichkeit:

Struktur:
Bedienungsmodus:
Hilfe bei Problemen:

Motivation:

Intrinsische Motivation:
Extrinsische Motivation:

Individualisierung:

Schwierigkeitsgrad(e):
Aufgabenauswahl für einzelne Schüler:
Teamfähigkeit:
Übersicht über Schülerleistung:

978-3-589-16851-4 | Annemarie Niklas | Digitale Medien im Deutschunterricht – Ideen für die Grundschule